GODAI

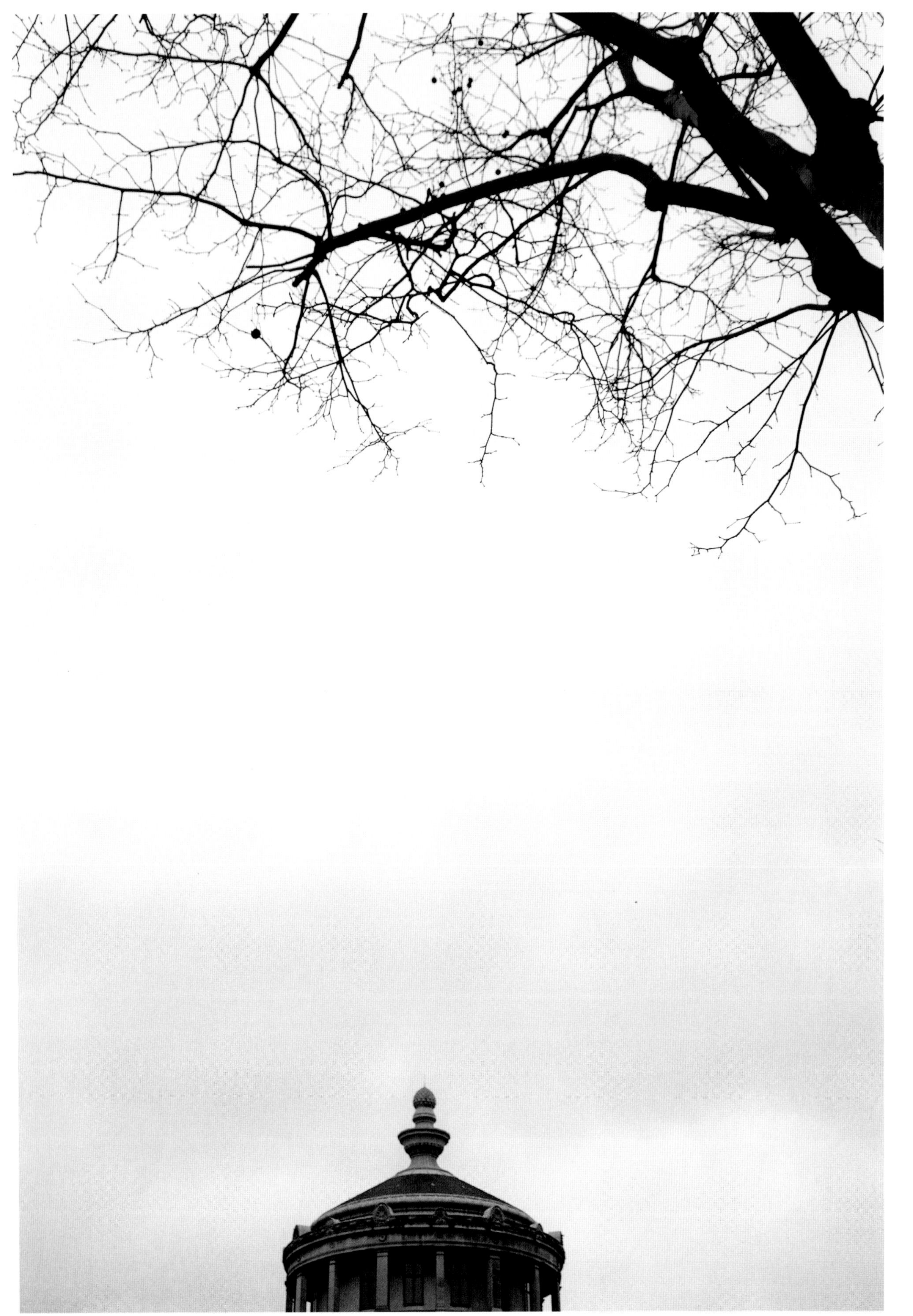

GODAI

BAMBOO ART | ART DU BAMBOU

TANABE CHIKUUNSAI IV
TADAYUKI MINAMOTO

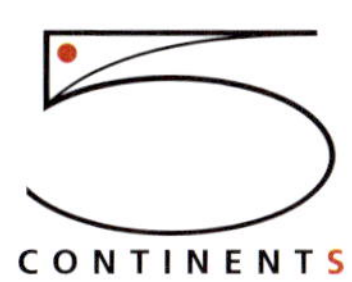

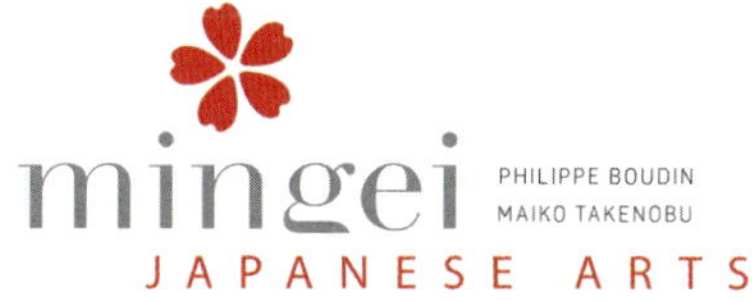

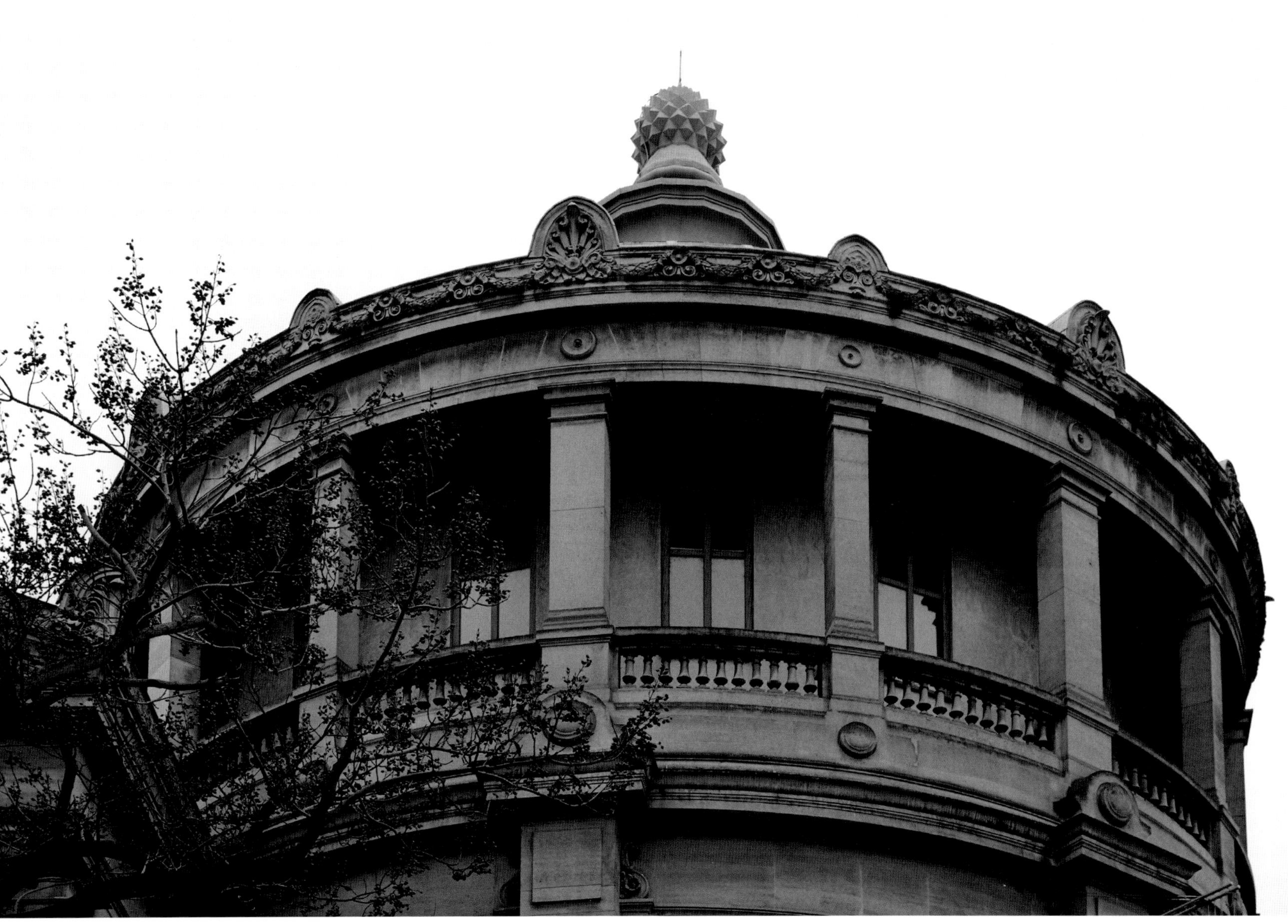

SOMMAIRE
TABLE OF CONTENTS

PRÉFACE

SOPHIE MAKARIOU

Présidente du musée national des Arts asiatiques – Guimet

Il est rare de rencontrer l'œuvre avant l'artiste et, avant même d'avoir lu un nom, d'être frappé par la présence magique qui s'en dégage. C'est ainsi que j'ai rencontré Tanabe. Longtemps, la photographie d'une de ses sculptures de bambou, pure forme sensuelle, m'a accompagnée.

Aussi l'effet de réminiscence fut-il envoûtant lorsque, invitée à La Celle-Saint-Cloud, je m'y retrouvais face à une œuvre à la fois tout autre mais dégageant les mêmes effluves d'émotions que celles que j'avais éprouvées dans une galerie londonienne. L'étrange plante éphémère qui montait alors à l'assaut des plafonds du jardin d'hiver me semblait réclamer plus d'air. Ce soir-là, Philippe Boudin, avec son épouse Maiko et Christian Broggini, qui nous ramenait en voiture vers Paris, m'a redit le nom de Tanabe. Je ne l'ai plus oublié. Très vite est née l'idée de repousser le ciel et de faire croître l'œuvre du maître du bambou sous le ciel de la rotonde du musée national des Arts asiatiques – Guimet dont la voûte culmine à plus de neuf mètres de haut.

La plénitude de fruit du lieu, son ouverture sur les cieux toujours changeants de Paris font de ce nid d'aigle une aire cosmique atemporelle et inspirante.

Je me souviens de Shouchiku Tanabe entrant dans l'espace. J'avais pris le pari que la magie opèrerait. *Fiat lux*. Et ainsi fut la rencontre de l'artiste avec ce lieu où s'inscrivent des projets : les « Cartes blanches ». Je ne saurais dire que Tanabe a pris cela au pied de la lettre, mais son premier travail a été de respirer l'air puis de dessiner. L'œuvre splendide et émouvante, éphémère, qu'il a offerte aux visiteurs du musée, puissamment sculpturale, est d'abord née dans la bidimensionnalité du papier, inscrite dans le cercle parfait de ses dessins aux traits gras et généreux.

Au musée, venu avec deux caisses de brindilles de bambous, Tanabe a fait naître un panthéon.

Comment mieux dire… Il y a peu d'œuvres qui m'aient donné plus grand sentiment de plénitude que celle de Tanabe, si j'excepte un monument aimé entre tous : le Panthéon de Rome. « Là Hadrien fit les cieux égaux avec la terre » ai-je écris autrefois. Une sphère parfaite inscrite dans des murs d'une hauteur équivalente à son rayon et trouée en son sommet d'un oculus. À Rome, au Panthéon, le vide de l'architecture parle au ciel.

À Paris, en 2016, Tanabe a aussi fait parler son architecture au ciel. Dans cinq flux de bambou animés d'un mouvement continu, il a englobé l'infini dans le *kokû* (vide) de la majestueuse rotonde du musée. *Godai*, « Les Cinq Éléments », est le nom qu'il a donné à sa sculpture. Aux confins du sens, des sens, je peux dire que j'y ai éprouvé tout le plein du monde. Nombreux sont les visiteurs qui l'ont ressenti et se sont assis longuement pour recevoir en silence son intime dialogue avec les éléments.

Il habitait si simplement, et avec une telle force, le lieu, que nous avons tous éprouvé une grande tristesse à voir l'œuvre disparaître, redevenir lamelles de bambou, cependant que nous émouvait aussi l'idée de sa pensée en permanent devenir, de la matière de son œuvre toujours recyclée, comme dans le processus de la vie même, qui ignore la mort complète de la matière, qui constamment transforme.

PREFACE

SOPHIE MAKARIOU

President of the Musée national des arts asiatiques – Guimet

It is rare to be familiar with the work of an artist before knowing its creator, or to have been struck by its magical presence before even having read a name. Yet this is what happened to me with Tanabe: the photograph of one of his sculptures in bamboo—a pure, sensual form—was a feature of my life long before I knew anything about him.

I was also overcome by reminiscence when I was invited to the Celle-Saint-Cloud and found myself before a body of work that was quite different but which filled me with the same emotions I had experienced in a London gallery. The strange and ephemeral plant that had climbed towards the ceilings of the winter garden seemed to me to be begging for more air. That evening, while Philippe Boudin was driving his wife Maiko, Christian Broggini, and myself to Paris, he kept repeating Tanabe's name, and I have never forgotten it. The idea very quickly materialised to push back the sky and to allow the work of the master of bamboo to grow beneath the rotunda in the Musée national des arts asiatiques – Guimet, of which the vault reaches a height of nine metres.

The lavish plenitude of the place and its embrace of Paris's ever-changing sky make this eyrie timeless, inspiring, and cosmic.

I remember when Shochiku Tanabe first entered the space. I had bet with myself that the magic would work on him. *Fiat lux*. And that is just what happened when the artist encountered the place where the Cartes Blanches projects are held. I couldn't know that Tanabe had taken the notion literally, but his first act was to fill his lungs, then start drawing.

The magnificent, moving and powerfully sculptural work that he offered to the museum's visitors emerged from the two-dimensional surface of paper and the perfect circle of his drawings created with thick, generous lines.

At the museum, where he arrived with two chests of bamboo sticks, Tanabe began to create a pantheon. How can I best explain this…? There are few works that have given me a greater feeling of fullness than Tanabe's, except for a monument beloved by all: the Pantheon in Rome. "There Hadrian equated the sky with the ground", I once wrote. A perfect sphere inscribed within walls of a height equal to its radius and pierced by an oculus at the centre of its dome. In Rome's Pantheon, the void of the architecture dialogues with the sky.

In Paris in 2016, Tanabe likewise made his architecture dialogue with the sky. Five streams of bamboo in continual movement encompassed the infinite in the *Koku* (void) of the museum's majestic rotunda. *Godai*, the Five Elements, is the name he gave his sculpture. At the limit of sense—and of the senses—I can say that this sculpture filled me with emotion and feeling. And there were many visitors who enjoyed the same experience, sitting at length before it to silently absorb its intimate dialogue with the elements.

It inhabited the place so simply and with such power that we were all very sad to see it disappear and become once again sticks of bamboo. However, we were also moved by the thought that it was in a state of permanent becoming, that its matter was continually being recycled, like the process of life in which matter never dies but is in constant transformation.

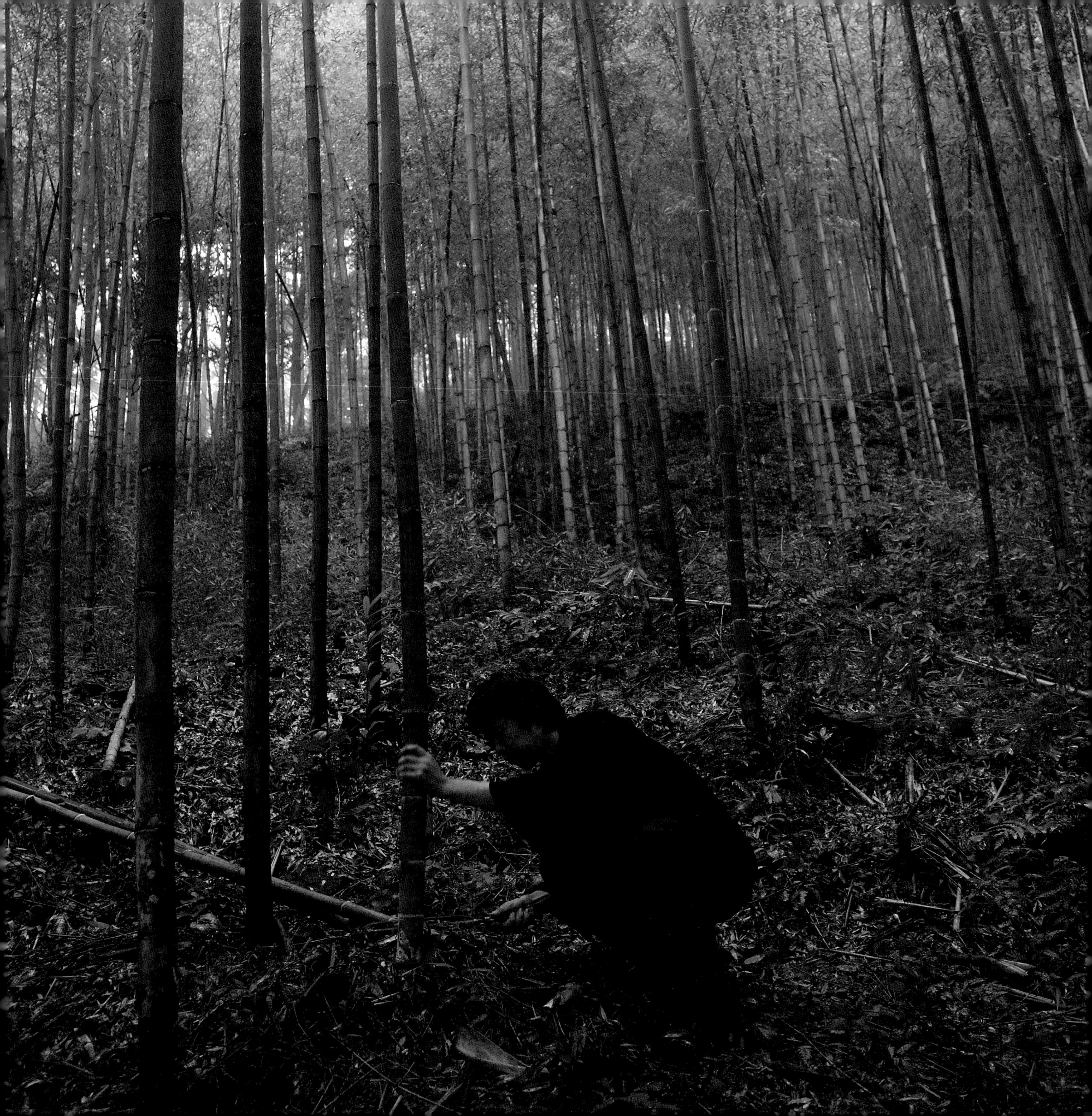

L'ART DE TANABE CHIKUUNSAI IV : RELIER LE TEMPS ET L'ESPACE GRÂCE AU BAMBOU

MAEZAKI SHINYA

L'art du bambou exercé par Tanabe Chikuunsai IV est une création des mains et de l'esprit exploitant la générosité de la nature. Son œuvre *Godai* (littéralement : « Les Cinq Grands ») exposée au musée national des Arts asiatiques – Guimet en 2016 représente l'imbrication des cinq éléments qui composent notre monde. Cette immense sculpture végétale évoque l'évolution des traditions au Japon et dans le reste de l'Asie. Elle propose à la société une nouvelle manière de relier le temps global et l'espace, tout en nous rappelant que l'environnement dans lequel nous vivons ne cesse de se dégrader. En opposant ce qui ne change pas à ce qui change avec chaque génération, *Godai* évoque le véritable état de ce qui subsiste aujourd'hui de l'art traditionnel japonais.

L'IMPORTANCE DU BAMBOU EN ASIE ORIENTALE

Matériau à la fois solide et flexible, le bambou fait partie de la vie des Asiatiques depuis la nuit des temps. Au Japon, des corbeilles en bambou laqué ont été retrouvées sur des sites préhistoriques vieux d'environ 9 000 ans, ce qui prouve que les Japonais utilisent ce végétal dans leur quotidien depuis très longtemps. Depuis lors, le bambou a continué d'être employé à diverses fins, de la construction architecturale à un artisanat complexe. Mais en plus d'être bon marché et maniable, le bambou revêt également une importance symbolique.

Depuis la préhistoire, le motif du bambou est utilisé en Chine pour symboliser l'intégrité et la constance, la fidélité à ses principes. Le bambou reste vert toute l'année, il résiste fièrement au vent et survit même aux hivers les plus froids. Et pourtant, alors qu'il s'étire dignement, il est creux à l'intérieur, comme insensible aux préoccupations terrestres – des qualités qui renvoient également à des vertus humaines appréciées. Ces concepts se sont ensuite exportés au Japon, où, tout au long de l'histoire, le bambou a continué d'être un thème fréquent dans la peinture traditionnelle, mais aussi d'être utilisé comme matériau et motif de décoration pour divers meubles et ustensiles.

L'idéologie chinoise a toujours formé la base de la culture au Japon. On ne peut parler de l'histoire de l'art du bambou jusqu'à aujourd'hui sans évoquer la popularité de la culture du *sencha* (un terme japonais pour désigner le thé infusé composé de feuilles de thé vert torréfiées) au XIXe siècle. À cette époque, les Japonais commencèrent à boire du *sencha* à la chinoise, infusé dans de petites théières appelées *kyūsu*. En Chine, les personnes cultivées préparaient le *sencha* en utilisant divers instruments spécifiques, dont bon nombre étaient fabriqués en bambou pour les raisons déjà évoquées.

THE ART OF TANABE CHIKUUNSAI IV: CONNECTING TIME AND SPACE WITH BAMBOO

MAEZAKI SHINYA

The bamboo art of Tanabe Chikuunsai IV is a creation that lies entirely of the hands and the soul, one that reaps the bounty of nature. His exhibition *Godai* (literally, "Five Great") mounted in 2016 at the Musée Guimet, Paris, represented the intertwining of the five elements that make up our world. This installation of bamboo art embodied the changes in the traditions of Japan and the rest of Asia. It proposed to society a new way to connect global time and space, while serving as a warning about the environment in which we live, as it continues to change for the worse. By contrasting the idea of that which remains unchanged, against the idea of that which changes with each generation, *Godai* evoked the true state of what remains of traditional art in Japan today.

THE SIGNIFICANCE OF BAMBOO IN EAST ASIA

As a durable yet pliant material, bamboo has been part of the lives of people in Asia since ancient times. In Japan, lacquered bamboo basketry vessels have been unearthed from ancient sites dating back some 9,000 years, demonstrating that bamboo has long been used by the Japanese in their daily lives. Since then, bamboo has continued to be employed for various purposes, from architectural construction to intricate handicraft. But besides being a cheap and handy material, bamboo also has symbolic significance.

Since ancient times bamboo has been used as a motif in China, symbolising integrity and constancy, signifying one's firm principles. The bamboo plant remains green throughout the year, standing tall and firm in the face of winds, surviving even the coldest winters. Yet, as it soars so tall and proud, it is hollow inside, seemingly impervious to worldly concerns—qualities also seen as desirable human virtues. Such concepts were later brought to Japan, where over history bamboo has continued to be used as a painting motif and also as a material and a design motif for various utensils and furnishings.

Chinese ideology has always been the basis of culture in Japan. When discussing the history of bamboo craft that has continued to the present day, one must look at the popularity of the culture of *sencha* (a Japanese term for steeped tea made from roasted green tea leaves) in the nineteenth century. This was the time when the Japanese began to enjoy drinking Chinese-style *sencha* brewed in small teapots called *kyūsu*. Cultured people in China prepared *sencha* using various special implements, many of which were created from bamboo for the aforementioned reasons. Examples include flower baskets, tea scoops (J: *chagō*) for scooping out adequate

On peut citer, par exemple, les paniers de fleurs, les cuillères à thé (*chagō*) pour prélever la bonne quantité de thé de la boîte à thé (*chashinko*), et les paniers à charbon de bois (*sumitori*) contenant le charbon utilisé pour faire bouillir l'eau du thé. C'est l'admiration de cette pratique de la classe cultivée chinoise qui a conduit à la popularité du *sencha* au Japon et qui a, par conséquent, ouvert la voie au développement de l'art du bambou à Osaka. L'arrière-grand-père de Tanabe, Tanabe Chikuunsai I (1877-1937), était l'un des artistes au centre de cette tendance. Depuis lors, les œuvres en bambou réalisées par les membres de la famille Tanabe et leurs disciples symbolisent le respect des principes, l'intégrité et la constance. Cette idéologie se reflète dans leur détermination à toujours utiliser le même matériau et les mêmes techniques.

RELIER LE TEMPS ET L'ESPACE

Tanabe Chikuunsai IV crée des œuvres qui sont à la fois historiques et contemporaines, et qui interpellent le spectateur. Ses installations en bambou reflètent fidèlement ses méthodes de création. Réalisées sur mesure dans des formes spécialement adaptées à chacun des lieux où elles sont exposées, les œuvres permettent au visiteur de ressentir l'espace particulier dans lequel il se trouve. Au moment de la clôture de l'exposition, chaque œuvre est démontée, ne laissant plus que des souvenirs.

Tanabe utilise du *torachiku* (littéralement : « bambou tigré », une variété de bambou Henonis (*Phyllostachys nigra* 'Henonis') qui pousse exclusivement sur les montagnes de Shikoku. Ce type de bambou est inhabituel, car environ un chaume sur vingt pousse avec un motif moucheté rappelant les rayures d'un tigre. La cause de ce motif est inconnue, mais lorsque cette même variété de bambou est cultivée dans d'autres zones montagneuses, elle pousse comme un bambou ordinaire, sans aucun motif. Cela fait six ans que Tanabe récolte du bambou au même endroit et, rien qu'en touchant le végétal, il sent que la qualité change chaque année. L'environnement naturel en mutation a également beaucoup influencé son travail. On pourrait presque dire que les cinq éléments reflétés dans le titre de l'exposition *Godai* – le vent, l'eau, la terre, le feu et l'air – transforment le rendu de ses œuvres.

L'installation au musée Guimet n'était pas la première création de Tanabe en France. En octobre 2015, une exposition organisée dans le cadre du dialogue culturel franco-japonais s'était installée au domaine de la Celle-Saint-Cloud, situé à une dizaine de kilomètres au nord de Versailles. Intitulée *Regards croisés*, cette exposition qui avait demandé douze jours de préparation s'articulait autour de trois grands thèmes : le

amount of tea from the tea containers (J: *chashinko*), and the charcoal baskets (J: *sumitori*) holding coal used for boiling tea water. The admiration of this practice of the cultured class in China led to the popularity of *sencha* in Japan, which subsequently paved the way for the development of bamboo craft in Osaka. Tanabe's great-grandfather, the first-generation Tanabe Chikuunsai (1877-1937), was one of the artists at the centre of the bamboo art trend. Since then, bamboo works by the heads of the Tanabe family and their disciples have come to signify principle, integrity, and constancy. Such ideology is embodied in their continued dedication to using the same material and techniques.

CONNECTING TIME AND SPACE

Tanabe Chikuunsai IV presents works that are at once both historical and contemporary, and which invite response from the viewer. His bamboo installations faithfully represent his methods of creation. Custom-made in forms devised to accommodate each display gallery, the works allow the viewer to acquire a sense of that particular space. Upon the closing of an exhibition, each work is dismantled, leaving no record of the work itself, but only a memory of it.

The bamboo used for his installations is *torachiku* (literally, "tiger bamboo," a variety of henon bamboo, *Phyllostachys nigra*) that grows only in the mountains of Shikoku. This type of bamboo is unusual because about one out of every twenty culms grows with a mottled pattern resembling a tiger stripe. The cause of this pattern is unknown, but when this same variety of bamboo is cultivated in other mountain areas it simply grows as ordinary bamboo with no patterns at all. For the past six years Tanabe has been cutting bamboo from the same mountain for his works, and he says that when he touches the bamboo he feels changes in the quality every year. The ever-changing natural environment has also greatly influenced his works. One could say that the very elements embodied in the exhibition title *Godai*—wind, water, earth, fire, and air—transform the outcome of his works.

Prior to the exhibition at Musée Guimet, he created another bamboo installation in France. A Franco-Japanese art exchange exhibition was held in October 2015 at the Domaine de la Celle Saint-Cloud, located some ten kilometres north of Versailles. Entitled *Beyond Connection*, the exhibition was twelve days in the making and embodied three main themes: Japan, France, and the people involved in the exhibition. These three themes intertwined and dominated the entire exhibition space.

Japon, la France et les personnes impliquées dans l'exposition. Ces trois thèmes s'entremêlaient et dominaient l'ensemble de la zone d'exposition.

Comme de coutume, l'installation avait été démontée au terme des cinq mois que durait l'exposition. Les tiges de bambou utilisées, en revanche, furent stockées en France. Bien que les tiges soient souvent pliées au moment du démontage, elles peuvent toujours être redressées par simple humidification. De cette manière, les tiges de bambou peuvent resservir pour chaque nouvelle installation, éventuellement complétées par de nouvelles si nécessaire. Tanabe a commencé à travailler dans son atelier à Sakai, dans la banlieue d'Osaka, avant de présenter son travail un peu partout au Japon, puis à Paris, l'année dernière. En ce sens, son œuvre comprend des tiges de bambou utilisées dans toutes ses précédentes installations : les tiges utilisées pour *Godai* étaient les mêmes que celles qui avaient servi pour *Regards croisés* au domaine de la Celle-Saint-Cloud et pour bien d'autres œuvres réalisées au Japon.

Les réminiscences des lieux où les œuvres de Tanabe ont été exposées et les souvenirs des visiteurs qui les ont admirées s'imbriquent et se mélangent dans le bambou. Les concepts récurrents de « continuité » et de « renaissance » procurent un sentiment de connexion avec l'espace qui transcende le temps. Ce sentiment repose sur la signification essentielle du bambou, c'est-à-dire les principes d'« intégrité » et de « constance ». Le caractère inflexible du bambou, au sens noble du terme, est au fondement même des installations de Tanabe.

L'ART DU BAMBOU À SAKAI ET L'HISTOIRE DE LA FAMILLE TANABE

La ville de Sakai, où la famille Tanabe réside depuis des générations, est réputée pour sa longue histoire. Elle est située à environ trente minutes de train au sud d'Osaka, la deuxième plus grande ville du Japon. Sakai abrite également le tumulus de l'empereur Nintoku, le plus grand tertre funéraire existant au Japon, qui est entouré par 43 sites archéologiques de tailles diverses construits entre le IVᵉ et le VIᵉ siècle. La ville est située à l'embouchure du fleuve Yamato, qui prend sa source non loin de Nara, une ville prospère qui fut la capitale du Japon au VIIIᵉ siècle. Tout au long de l'histoire, la ville portuaire de Sakai a servi à la fois de nœud de transport essentiel dans le Japon occidental et de carrefour commercial reliant le Japon à d'autres régions à l'étranger.

Sakai est également la ville qui a vu naître Sen no Rikyū (1522-1591), qui a redéfini l'art de la cérémonie du thé au XVIᵉ siècle. Les ustensiles qu'il utilisait lui avaient été offerts par des marchands négociant avec l'étranger. Avec l'arrivée du XVIIᵉ siècle,

In the tradition of Tanabe's exhibitions, the installation was taken apart after the five-month exhibition ended. The bamboo strips used, however, were kept in storage in France. Though the strips are often bent upon being dismantled from an exhibition, they can be reverted to their original straight forms through moistening with water. In this way, every new installation can be made using existing bamboo strips supplemented with new ones as necessary. Tanabe began working on installations at his workshop in Sakai, Osaka, before presenting his works around Japan, and last year in Paris. In that sense, his works comprise bamboo strips used in all his previous installations. The bamboo strips used to make *Godai* were those that had been used to make *Beyond Connection* at the Domaine de la Celle Saint-Cloud, and many other works made in Japan.

The memories of the places where Tanabe's installations have been showcased and the memories of the viewers who saw his installations are mediated and interwoven through the bamboo. The recurring concepts "continuity" and "rebirth" provide a sense of connection with space that transcends time. At the basis of this is the essential significance of the bamboo, namely, the principles of "integrity", and "constancy". The noble sense of the unbending nature of the bamboo is at the very foundation of his installations.

BAMBOO CRAFT IN SAKAI AND THE TANABE FAMILY HISTORY

Sakai, where the Tanabe family has resided for generations, is known for its long history. The city is located about thirty minutes by train south of Osaka, the second largest city in Japan. Sakai is home to the Nintoku-ryō Tumulus, the largest existing burial mound in Japan, which is surrounded by forty-three archaeological sites of various sizes constructed between the fourth and the sixth centuries. It is situated at the mouth of the Yamato River, which flows down from Nara, the prospering eighth-century capital of Japan. Over history, the port city of Sakai has served both as a key nexus of transportation within western Japan and as a trade centre connecting Japan with remote places overseas.

Also native to Sakai was the Buddhist monk Sen no Rikyū (1522–91), who refined the art of the tea ceremony in the sixteenth century. The tea implements he used were acquired through his connections with traders in Sakai who handled foreign trades. With the arrival of the seventeenth century, Sakai became an economic centre; its favourable location just outside of Osaka paved the way for the emergence of many industries in this region, including bamboo art.

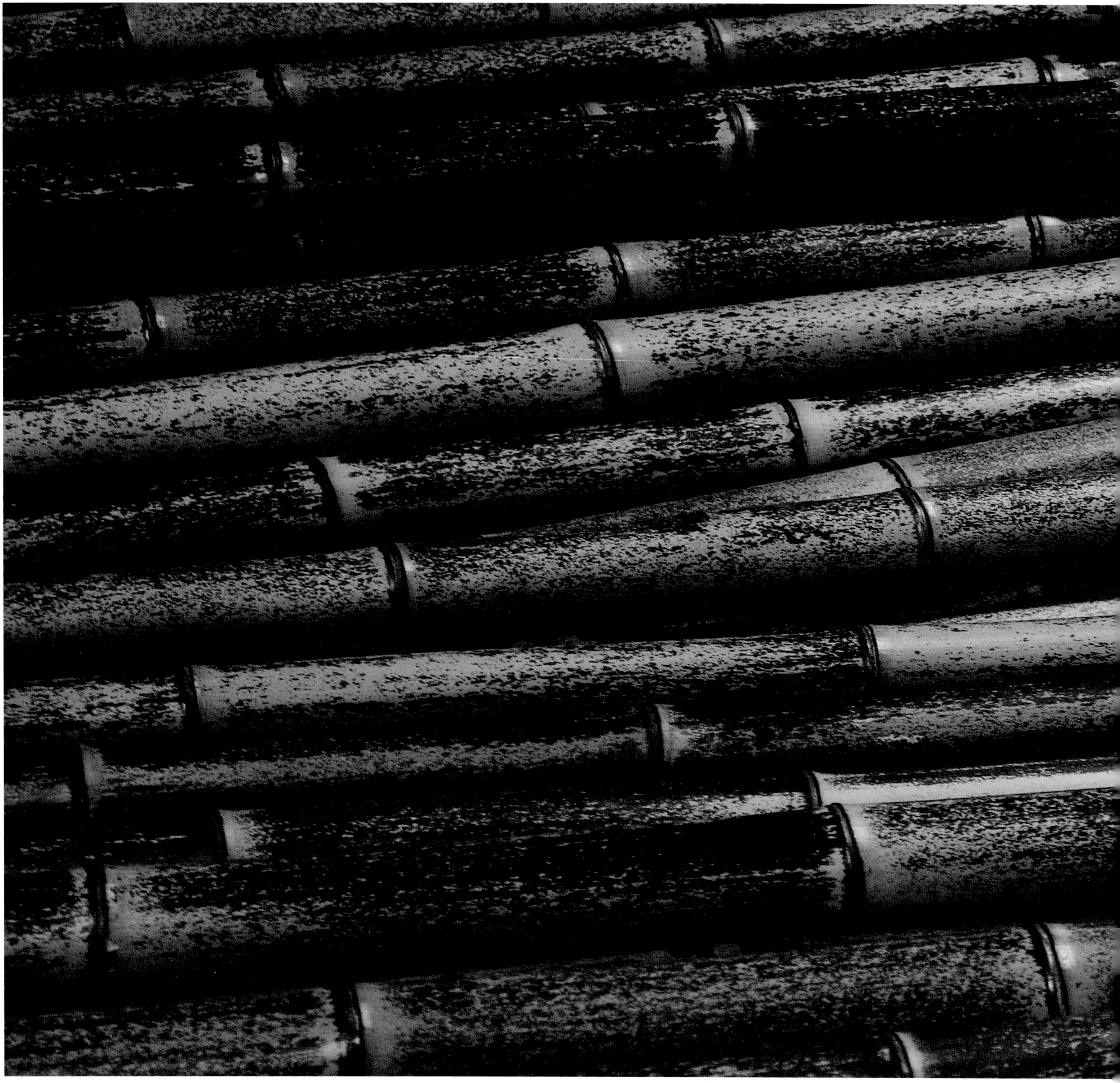

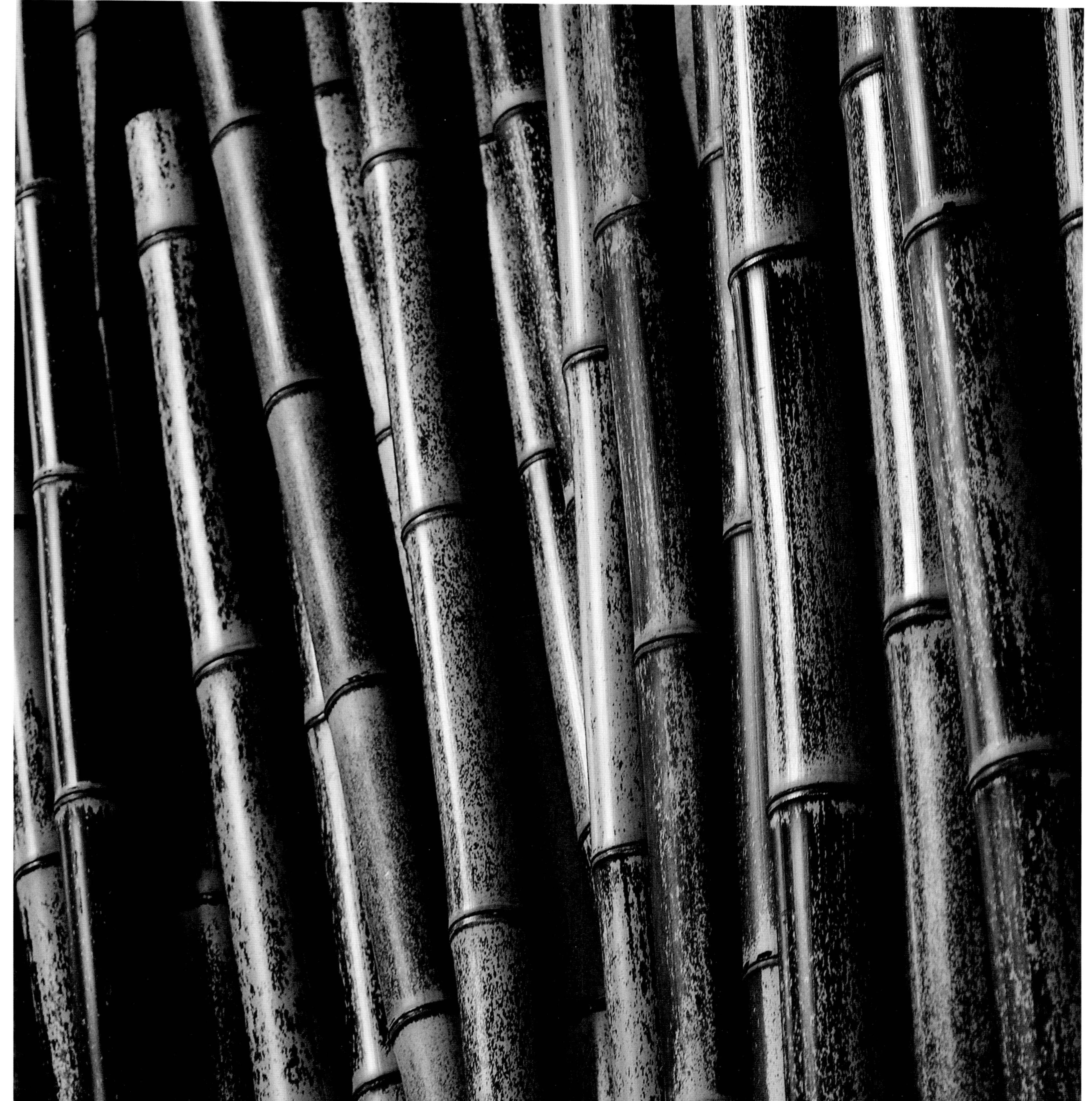

Sakai est devenu un centre économique. Sa situation privilégiée juste en dehors d'Osaka a favorisé l'émergence de nombreuses industries dans cette région, parmi lesquelles l'art du bambou.

Une grande partie de la culture japonaise trouve ses origines en Chine. Si les « chinoiseries » ont eu beaucoup de succès en Europe entre le XVIIIe et le XIXe siècle, les Japonais aussi se sont montrés friands de la culture chinoise à peu près à la même période, en particulier à Osaka et Kyoto. Même si, à l'époque, le Japon limitait la plupart de ses échanges avec les nations étrangères, il était connecté aux voies maritimes *via* Sakai et *via* Nagasaki sur l'île de Kyushu, où le commerce avec la Chine était permis. C'est en ces lieux que les objets culturels chinois à la mode arrivaient au Japon, parmi lesquels des paniers en bambou chinois étroitement tressés, qui deviendront plus tard des accessoires indispensables à la préparation du thé *sencha* à la chinoise. La forte demande pour ce type d'objets a rapidement dépassé l'offre, ce qui a conduit à l'émergence d'une vannerie locale dans la région d'Osaka pour combler ce besoin. Afin de satisfaire les commandes d'une classe aisée exigeante, les techniques de fabrication se sont perfectionnées année après année.

Christopher Dresser (1834-1904), un dessinateur industriel britannique renommé qui a beaucoup voyagé au Japon entre 1876 et 1877, s'était alors extasié devant la beauté des plantations de bambou et devant les techniques sophistiquées développées par les Japonais pour lui donner diverses formes.

> (…) Les Japonais sont les meilleurs vanniers au monde. Eux seuls ont érigé cette industrie au rang d'art. En plus d'être utiles, leurs paniers sont également beaux et bon nombre d'entre eux peuvent être considérés comme de véritables œuvres d'art (…) Au moment où j'écris ces lignes, j'ai à côté de moi plusieurs paniers provenant du Japon, de Chine, de Formose, d'Inde, de Jamaïque, de Ceylan, de Java, de Haïti, d'Espagne et d'Algérie, mais aucun d'entre eux n'arrive à la cheville des japonais en termes artistiques. (…)
>
> (Christopher Dresser, *Japan: Its Architecture, Art, and Art Manufactures*, 1882, p. 454 et 455)

À cette époque, la région d'Osaka comptait trois artisans très réputés : Wada Waichisai, premier du nom (1851-1901) à Sumiyoshi, Donkōsai à Nanba et Hayakawa Shōkosai, premier du nom (1815-1897) à Senba. Ceux-ci essayaient de créer une diversité de styles, allant d'imitations fidèles de paniers chinois à d'autres créations typiquement inspirées du style japonais. Hayakawa Shōkosai, en particulier, est

Much of Japan's culture can be traced back to China. As *chinoiserie* was popular in Europe between the eighteenth and the nineteenth centuries, Japan was also enjoying things Chinese around the same period, particularly in Osaka and Kyoto. Although at the time Japan restricted most trade with foreign nations, it was connected to sea routes through Sakai and through Nagasaki in the Kyushu region, where trading with China was permitted. It was here that the latest cultural items from China arrived in Japan, among which were intricately woven Chinese bamboo baskets that would later become indispensable implements for the enjoyment of Chinese-style *sencha* tea preparation. The great demand for such items superseded supplies, and this led to the beginning of domestic production of bamboo baskets around Osaka to fill this need. In order to satisfy the orders of a discerning wealthy class, the techniques of bamboo basket-making would become further refined year by year.

Christopher Dresser (1834-1904), a prominent British industrial designer, travelled around Japan between 1876 and 1877. What he saw as characteristic of Japan was the beauty of bamboo groves and the sophisticated techniques possessed by the Japanese to turn bamboo into various shapes.

> The Japanese are the best basket-makers in the world, and they alone have raised the manufacture to an art industry. They make baskets which are not only useful but beautiful, and many of them must be classed as true art objects. … As I write I have by my side a number of baskets from Japan, China, Formosa, India, Jamaica, Ceylon, Java, Haiti, Spain, and Algeria, but none of them are comparable as works of art with those from Japan.
>
> (Christopher Dresser, *Japan: Its Architecture, Art, and Art Manufactures*, 1882, p. 454-5)

Around this time there were three well-known bamboo craftsmen in Osaka: first-generation Wada Waichisai (1851–1901) of Sumiyoshi, Donkōsai of Nanba, and first-generation Hayakawa Shōkosai (1815–97) of Senba. They attempted to create a variety of styles, ranging from faithful imitations of Chinese baskets to ones designed in Japanese style. Hayakawa Shōkosai in particular became renowned even overseas as a master craftsman. The Museum für Kunst und Gewerbe in Hamburg was a keen, early collector of his works, and still houses many pieces in its collection.

The beginning of the twentieth century saw the active involvement of Wada Waichisai's disciples in the bamboo craft world of the Kansai region. At the centre of this world was Tanabe Chikuunsai I (1877-1937), the great-grandfather of Tanabe

devenu célèbre en tant que maître vannier, même à l'étranger. Le musée des Arts et Métiers de Hambourg fait partie des collectionneurs de la première heure et possède encore de nombreuses pièces de cet artiste dans sa collection.

Le début du XXᵉ siècle a vu les disciples de Wada Waichisai s'impliquer activement dans le monde de l'art du bambou de la région du Kansai. Au centre de ce monde, Tanabe Chikuunsai I (1877-1937), l'arrière-grand-père de Tanabe Chikuunsai IV, possédait en outre de nombreux talents dans divers domaines, comme la composition florale, la peinture à l'encre ou encore la pratique du *sencha*. À l'instar de son maître, Tanabe Chikuunsai I forma de nombreux disciples et établit une fondation pour la prospérité de l'art du bambou à Osaka. Il a créé une grande variété de pièces, allant de copies complexes d'objets chinois à des paniers tressés plus personnels. En 1914, l'un de ses paniers à fleurs sera présenté à l'empereur pour inspection, puis offert à la famille impériale.

C'est ainsi que l'art du bambou est devenu une forme d'expression artistique reconnue au Japon et a continué à se développer. Après la fin de la Seconde Guerre mondiale, cependant, l'industrie du bambou a traversé au Japon une période difficile. La première cause de ces difficultés fut la popularisation des produits plastiques. Les objets en bambou ne pouvant être créés qu'à la main, ils perdirent rapidement une grande partie de leur marché au profit des produits bon marché issus de la pétrochimie, qui peuvent être fabriqués en masse. Ainsi, des objets fonctionnels tels que les passoires et les paniers utilitaires furent progressivement remplacés par du plastique. Dans le même temps, la tradition artistique du bambou déclina également à Osaka, dans la mesure où l'art du bambou japonais, qui était jusque-là fondé sur une profonde admiration pour la culture chinoise, s'est progressivement raréfié en raison de l'américanisation de la culture japonaise.

Un rayon d'espoir apparut dans les années 1980 lorsque plusieurs collectionneurs américains découvrirent le potentiel de l'art du bambou japonais et commencèrent à étendre le marché pour ce type de produits. Les Amérindiens s'étaient transmis les traditions de la vannerie de génération en génération; peut-être est-ce cela qui a contribué au succès de ces objets aux États-Unis. Une fois présentée au monde, la tradition complexe et délicate de la vannerie en bambou japonaise a progressivement gagné en popularité en tant que nouveau support artistique en trois dimensions censé évoquer l'essence de l'Asie. Depuis lors, et grâce à la demande constante provenant essentiellement des États-Unis, l'art du bambou japonais a survécu et évolué en une forme d'expression artistique importante au Japon.

Chikuunsai IV, who possessed creative talent in many areas, including flower arrangement, ink painting, and *sencha* tea practice. Like his master, he later also raised many disciples and built a foundation for the prosperity of bamboo art in Osaka. From intricate copies of Chinese objects to freely-woven baskets, he created a variety of pieces. In 1914 one of his flower baskets was submitted to the emperor for inspection, and presented to the imperial family as a gift.

In this way, the craft of bamboo became established as an art form in Japan and continued to develop. After the end of the Second World War, however, the bamboo industry in Japan would experience a period of difficulties. The first hindrance was the popularisation of plastic products. As bamboo crafts can be created only by hand, they soon lost much of their market to cheap petroleum products that could be mass-produced. In particular, functional items such as bamboo strainers and utilitarian baskets were gradually replaced. Meanwhile, Osaka's artistic bamboo tradition would also decline as Japanese bamboo culture, which had hitherto been founded on a deep admiration of Chinese culture, gradually dwindled amidst the Americanization of Japanese culture after the Second World War.

In the 1980s a ray of hope was cast on the survival of bamboo craft. Some collectors from the United States came across the potential of Japan's bamboo craft, and began expanding the market for it. Native Americans have handed down basketry traditions since ancient times, and perhaps this contributed to the appreciation for such items within the United States. Once Japan's intricate, complex bamboo basketry tradition was introduced to the world, it gradually gained popularity as a new three-dimensional artistic medium considered to evoke the essence of Asia. Since then—and thanks to continuing demand coming mostly from the United States—Japanese bamboo craft has survived and evolved into a prominent Japanese art form.

Nevertheless, over the long years of struggle since the end of the Second World War, the number of artists and artisans working with bamboo has decreased overall, and the harsh reality facing makers of bamboo basketry has remain unchanged. It is for this very reason that the creation of *Godai* at the Musée Guimet holds such profound significance. It is not only a significant step for Tanabe Chikuunsai IV as an artist, but also a big step of worth to everyone involved in turning bamboo into an accredited art form. Japan's bamboo craft has been recognised in countries like the United Kingdom and Germany, while being re-evaluated as a contemporary art form in the United States. In that sense, the attention that this installation has received during its display in Paris, the world centre of art—and moreover at a

Cependant, au fil des longues années de lutte pour la survie de cet art qui ont suivi la fin de la Seconde Guerre mondiale, le nombre d'artistes et d'artisans travaillant le bambou a globalement diminué et la dure réalité vécue par les vanniers ne s'est pas améliorée. C'est pour cette raison que la création de *Godai* au musée national des Arts asiatiques – Guimet revêt une signification si particulière. Il ne s'agit pas seulement d'une étape importante pour Tanabe Chikuunsai IV en tant qu'artiste, mais aussi d'une belle reconnaissance pour toutes les personnes qui s'efforcent de promouvoir l'art du bambou en tant que forme d'expression artistique accréditée. La vannerie japonaise est reconnue dans des pays tels que le Royaume-Uni et l'Allemagne, tandis qu'elle est en train d'être réévaluée comme une forme d'art contemporain aux États-Unis. En ce sens, l'attention dont cette installation a fait l'objet durant son exposition à Paris, le centre mondial de l'art – dans un musée national, qui plus est – semble indiquer que l'art du bambou japonais a trouvé un nouveau souffle pour pérenniser son avenir.

TANABE CHIKUUNSAI IV

Tanabe Takeo est né à Sakai, dans la banlieue d'Osaka, en 1973. Son arrière-grand-père, Tanabe Chikuunsai I, était déjà décédé. Son grand-père était devenu Tanabe Chikuunsai II avant que son père n'hérite du même nom, devenant ainsi la troisième génération d'une lignée d'artistes. Toute la vie familiale du futur Chikuunsai IV tournait autour de l'art du bambou, et lui-même commença à travailler ce matériau dès son plus jeune âge. Lorsqu'il intégra la section « sculpture » de l'Université des arts de Tokyo, tout semblait le destiner à suivre les traces de ses ancêtres, comme on peut naturellement s'y attendre de la part d'un membre d'une famille d'artistes.

Cependant, l'université l'ouvrit à d'autres options de vie et il n'était plus certain de vouloir passer le restant de sa vie à travailler le bambou. Il passa plusieurs années à s'interroger sur le sens de sa présence à l'université et à chercher des pistes qui lui permettraient d'envisager un futur différent, en dehors de la tradition artistique de sa famille. Après cette période de doute, il finit néanmoins par réaliser que le travail du bambou faisait partie intégrante de sa vie.

Une fois sa décision prise, la suite lui apparut comme une évidence et, après avoir demandé à son père de lui pardonner ses années d'errance, il termina l'université en fabricant des objets d'art en bambou. À Oita, sur l'île de Kyushu, grande zone de production de vannerie en bambou, il apprit des techniques différentes de celles qui lui

national art museum—seems to indicate that Japan's bamboo art has found yet another signpost guiding it toward a new future.

THE PROFILE OF TANABE CHIKUUNSAI IV

Tanabe Chikuunsai IV was born in 1973 in Sakai, Osaka. His great-grandfather, Tanabe Chikuunsai I had already passed away. His grandfather became Tanabe Chikuunsai II before his father later inherited the same name as the third generation in the lineage. Chikuunsai IV's family life centred around bamboo art, and he himself began working with the medium as a very young child. When he later entered the Department of Sculpture at Tokyo University of the Arts, it seemed that he would naturally follow in the footsteps of his forefathers, as would be expected of a member of a family of artists.

However, many life options awaited him at university, and he became uncertain about whether he would want to spend the rest of his life working with bamboo. He spent several years trying to find sense in being at university and looking for possible alternatives outside his family's artistic tradition. After this period of searching, however, it dawned on him that working with bamboo was his way of life.

No longer perplexed about his future, he asked his father to forgive him for the years he had spent in indecision, and eventually graduated from the university by making bamboo *objets d'art*. In Oita, Kyushu, a major bamboo craft production area, he would acquire techniques different from those he was taught at home. After returning home, he worked with his father and learned the techniques passed down from his forefathers, while continuing to seek out his own unique techniques. The bamboo craft of the Tanabe lineage is characterized by the continuation of the traditions of each of the four generations and the creation of new techniques by every generation. For instance, Chikuunsai IV's grandfather Chikuunsai II specialized in plaiting lightweight openwork pieces made with extremely fine bamboo strips, while his father Chikuunsai III developed a technique of using bamboo strips to create abstract forms with complex, non-woven, parallel construction. Having learned such wide range of techniques and styles, as the fourth generation of the lineage Chikuunsai IV has arrived at his own unique style, and *Godai* is representative of this evolution in bamboo installations.

Next to his installation at Musée Guimet his eldest daughter, eight-year-old Sarara, gave a demonstration of bamboo basket plaiting. Like Chikuunsai IV, his three children

avaient été enseignées durant son enfance. À son retour, il commença à travailler avec son père et apprit les techniques transmises par ses ancêtres, tout en continuant à perfectionner ses propres techniques. L'art du bambou de la lignée Tanabe se caractérise par un subtil mélange entre le respect des traditions et la création de nouvelles techniques par chaque génération. Par exemple, le grand-père de Chikuunsai IV, Chikuunsai II, s'était spécialisé dans le tressage de pièces légères et ajourées, fabriquées à partir de tiges de bambou extrêmement fines. Son père, Chikuunsai III, avait quant à lui développé une technique permettant d'utiliser des tiges de bambou pour créer des formes abstraites à l'architecture complexe, parallèle et non tissée. Riche de l'apprentissage d'un tel éventail de techniques et de styles, Chikuunsai IV a réussi à créer son propre style en tant que quatrième génération de la lignée, et *Godai* est un exemple représentatif de ses œuvres en bambou.

À côté de son installation au musée Guimet, sa fille aînée de huit ans, Sarara, proposait une démonstration de tissage de panier en bambou. Tout comme leur père, les trois enfants de Chikuunsai IV s'interrogeront peut-être un jour sur le sens de la vannerie. Espérons qu'eux aussi finiront par imaginer de nouveaux modes de création !

Tanabe Chikuunsai IV porte sur ses épaules une tradition cultivée à Osaka depuis des siècles et devra faire en sorte de lui assurer un nouvel avenir. Grâce aux techniques de tissage dont il a hérité et à sa recherche personnelle, ses monumentales installations de bambou tigré, qui envahissent complètement leurs espaces d'exposition, permettent de ressentir les différentes caractéristiques du végétal. Ses œuvres présentent des motifs inspirés de la nature tout en dénonçant l'environnement toujours plus industrialisé dans lequel vit l'humanité. Dans le même temps, la vannerie de Tanabe Chikuunsai IV représente les connexions entre lui et sa famille, ainsi qu'entre lui et le monde – évoquant des concepts allant de l'intime à l'universel.

may one day wonder about the meaning of bamboo basketry—and one hopes they will also find new modes of creation in the future.

Tanabe Chikuunsai IV will carry on his shoulders a tradition of bamboo art cultivated in Osaka for centuries before him and bring it towards a new future. Through the flower basket-weaving techniques he has inherited and his large installations of tiger-striped bamboo that fill entire exhibition spaces, we can feel the various characteristics of bamboo. His work presents motifs from nature while casting doubts about the ever-industrialising environment in which humankind lives. At the same time, Tanabe Chikuunsai IV's bamboo art represents the connections between himself and his family and between himself and the world—evoking concepts ranging from the intimate to the global.

水は空から降り 大地へと降り立つ
大地は 水の恵みを受け 生命を宿し

水は循環し また 天へと登っていく

火は周りの空気を飲み込み
大きく成長する
暖かさをもたらし エネルギーの源となる

火と水は 風を起こす　　風は匂いや 人の生活
風は生命を運ぶ　　自然の生たちを運んでくれる

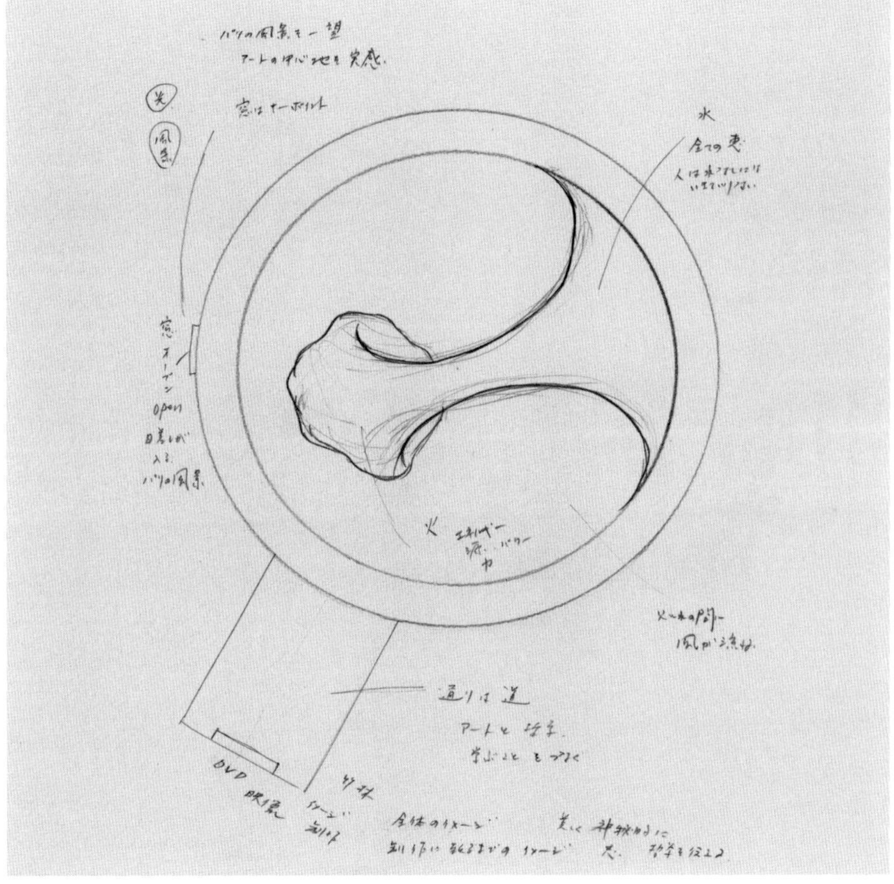

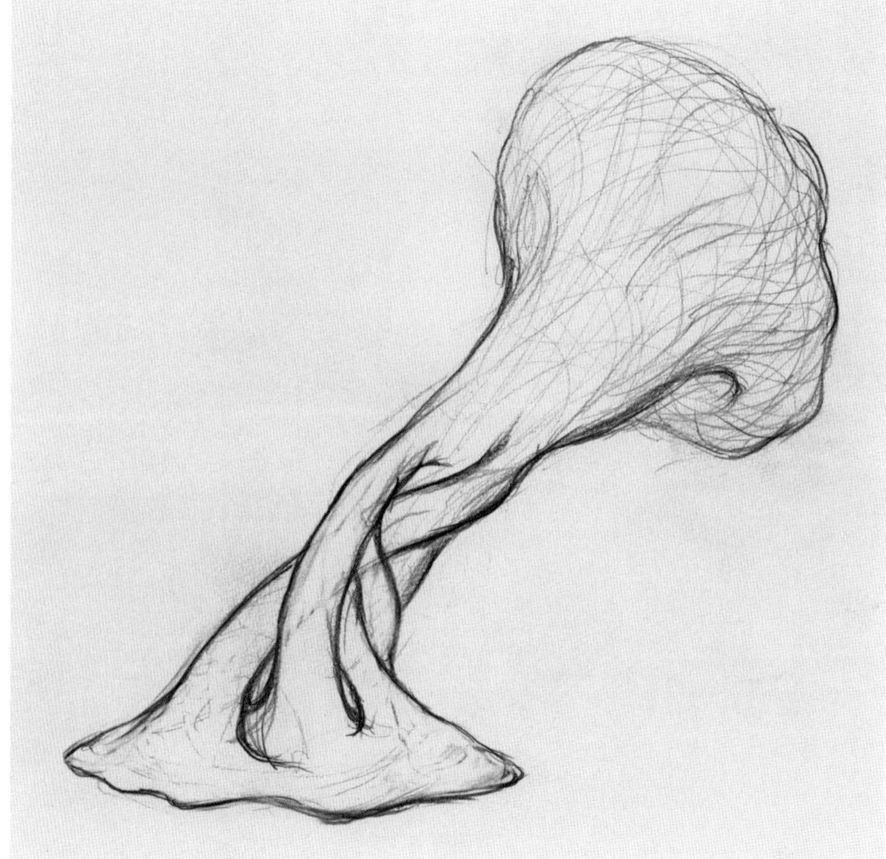

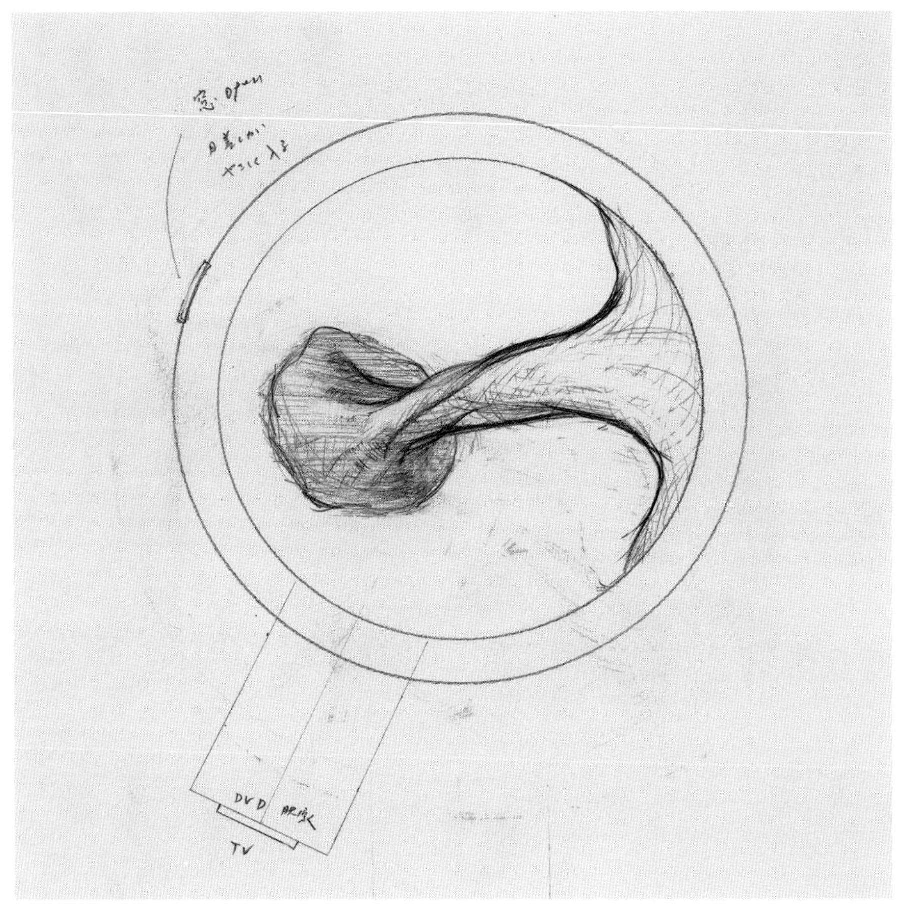
Open
DVD
TV

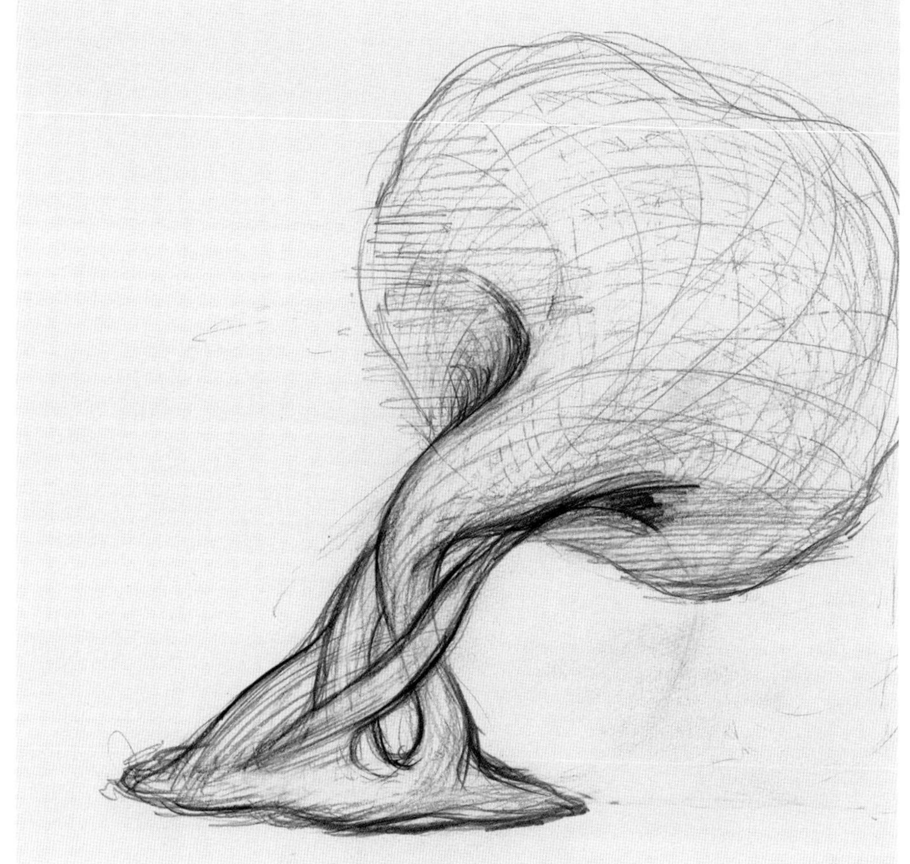

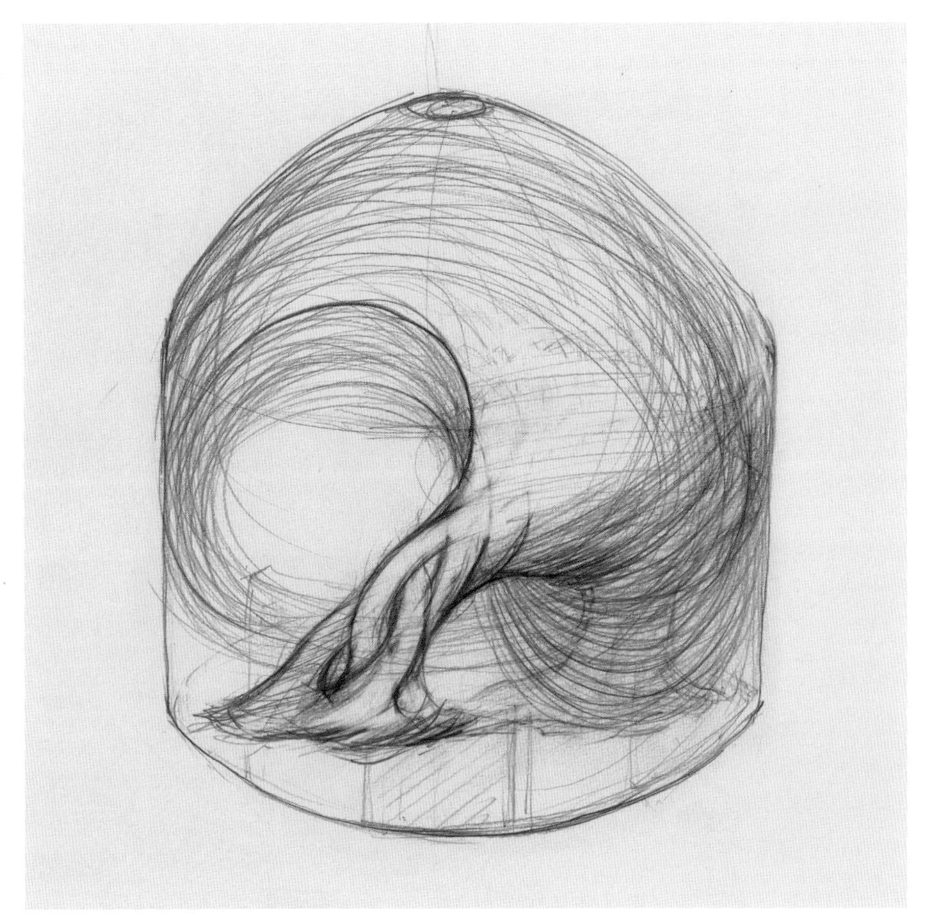

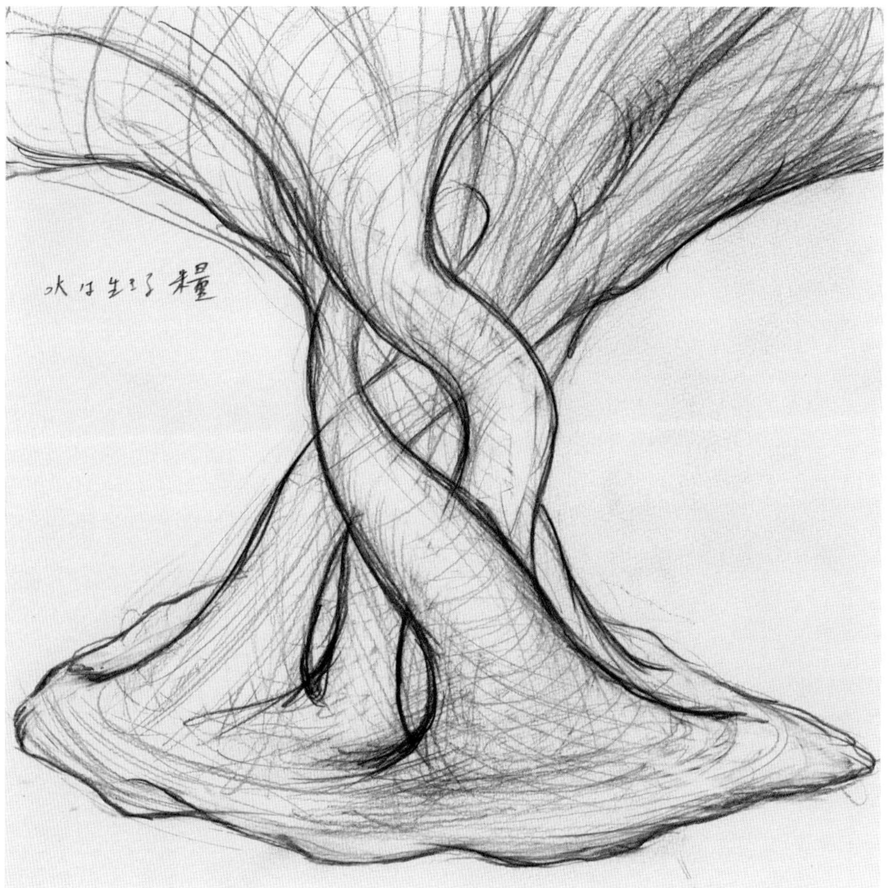

水は生きる糧

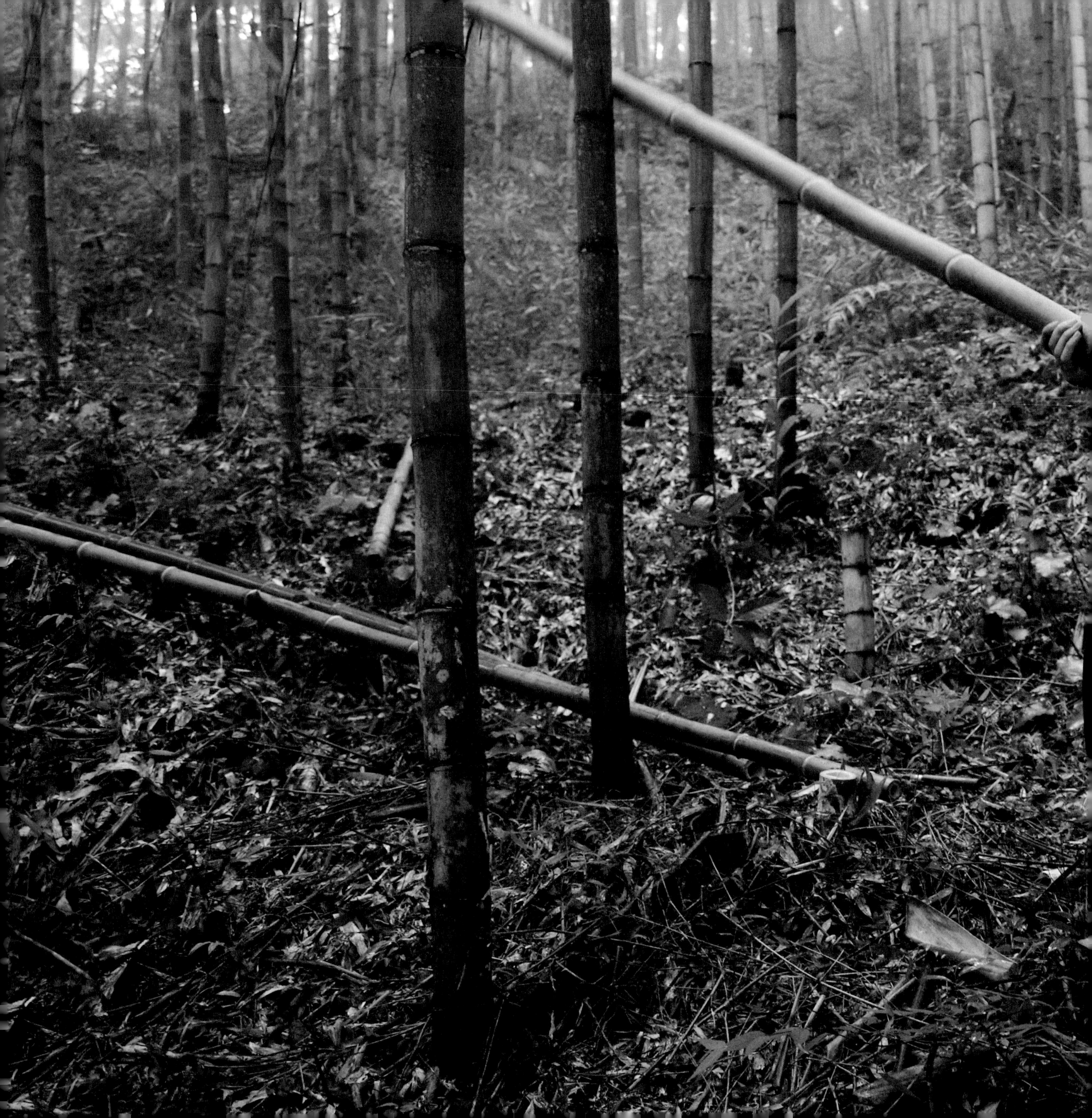

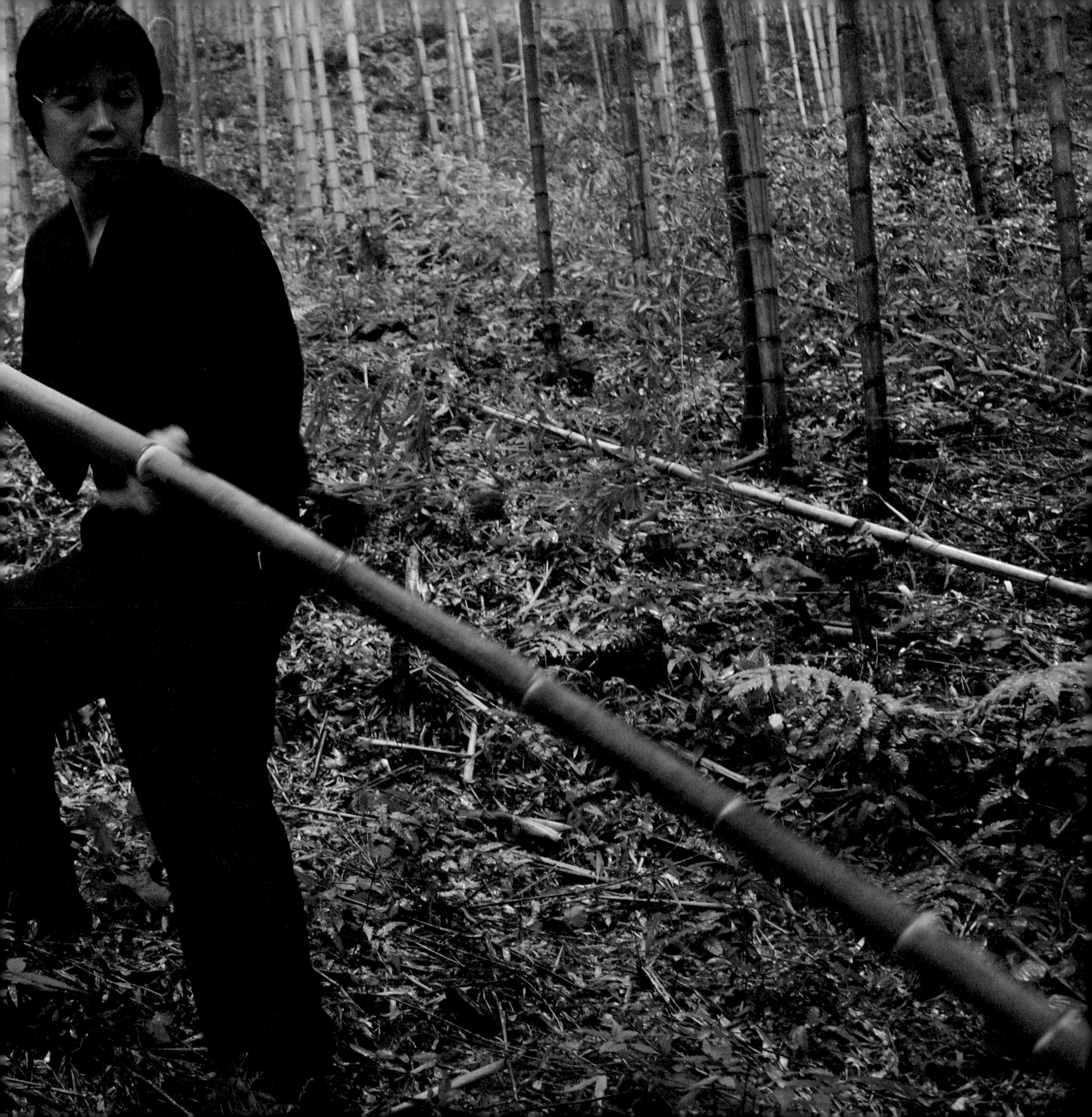

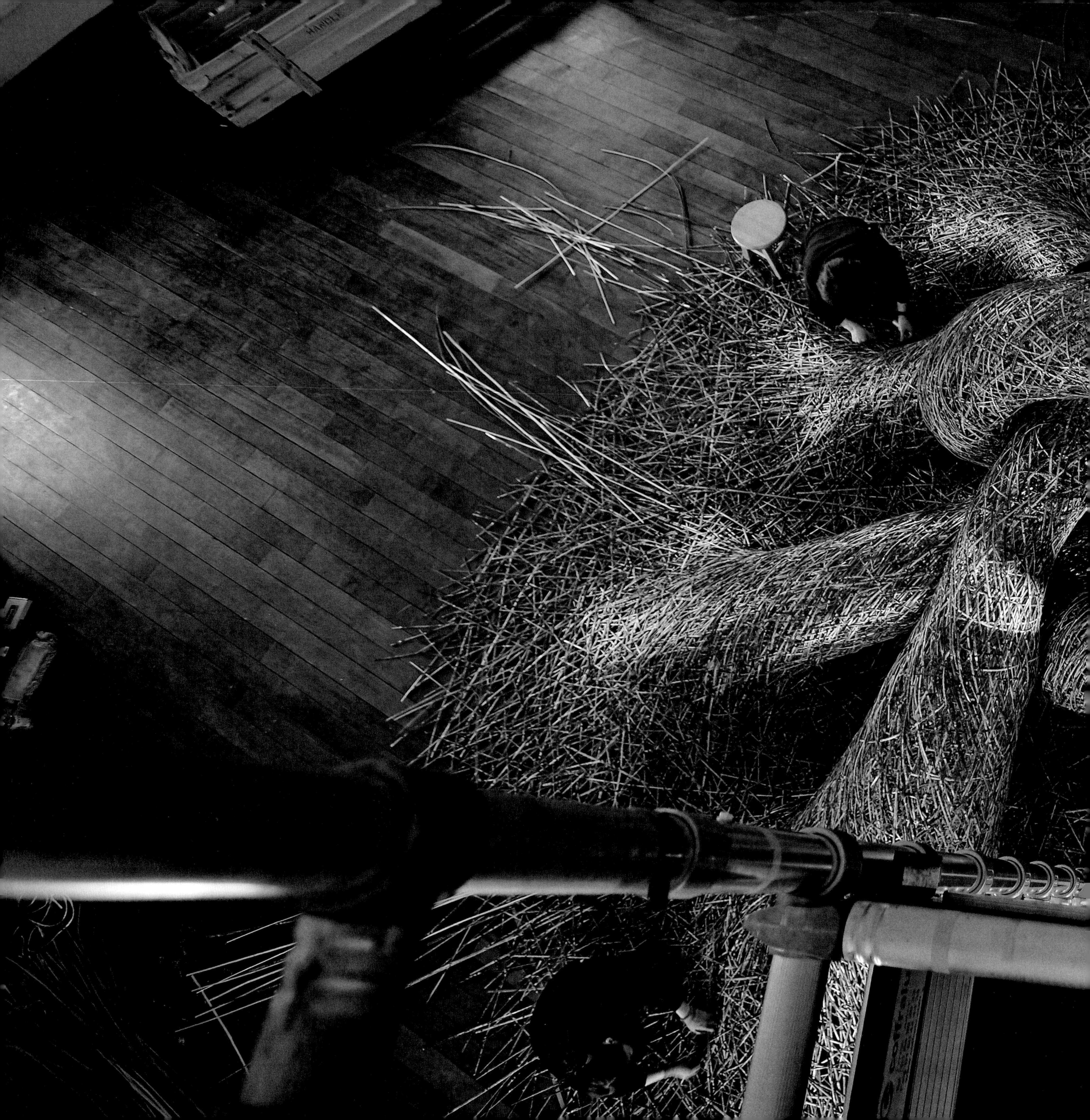

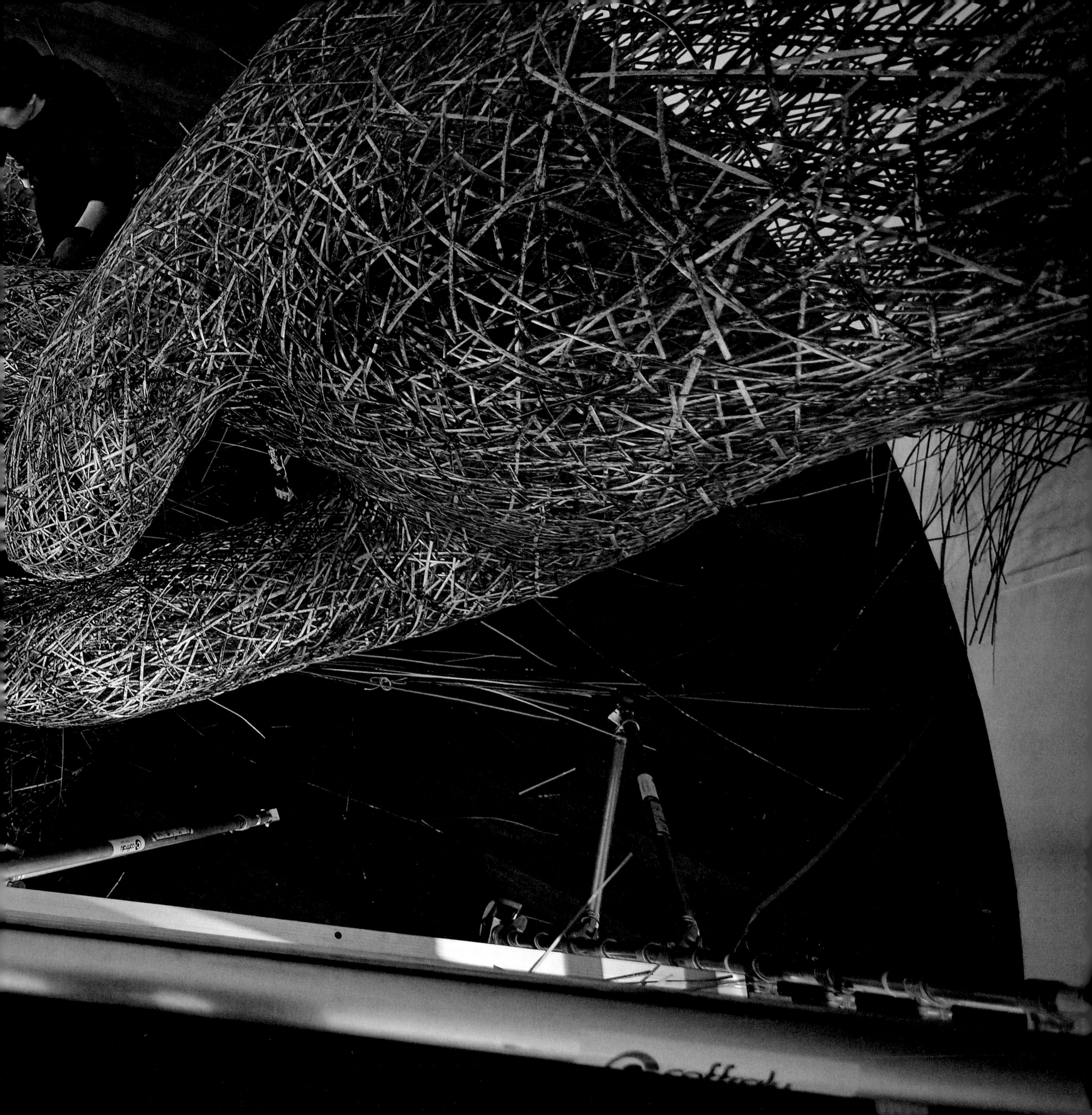

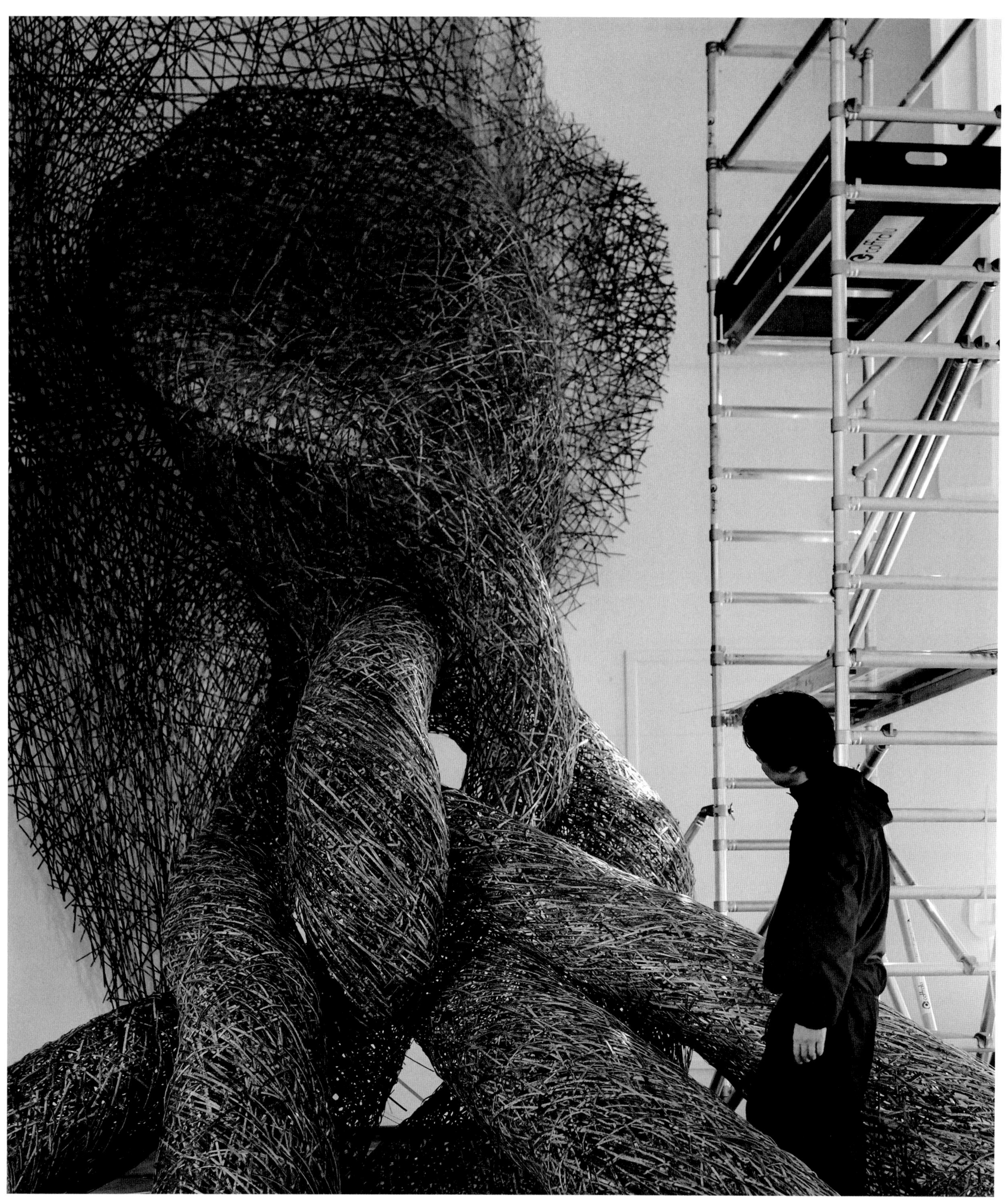

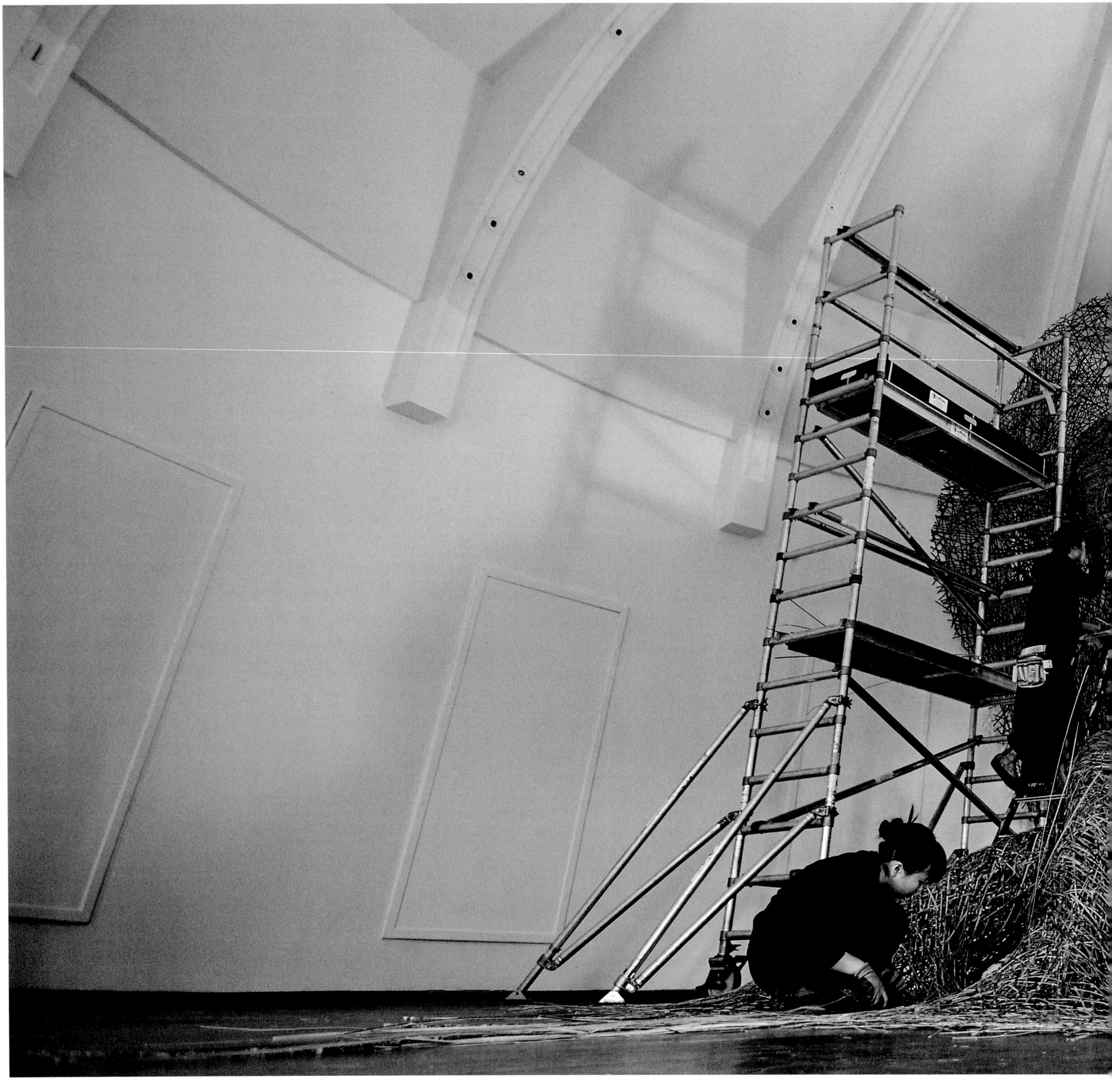

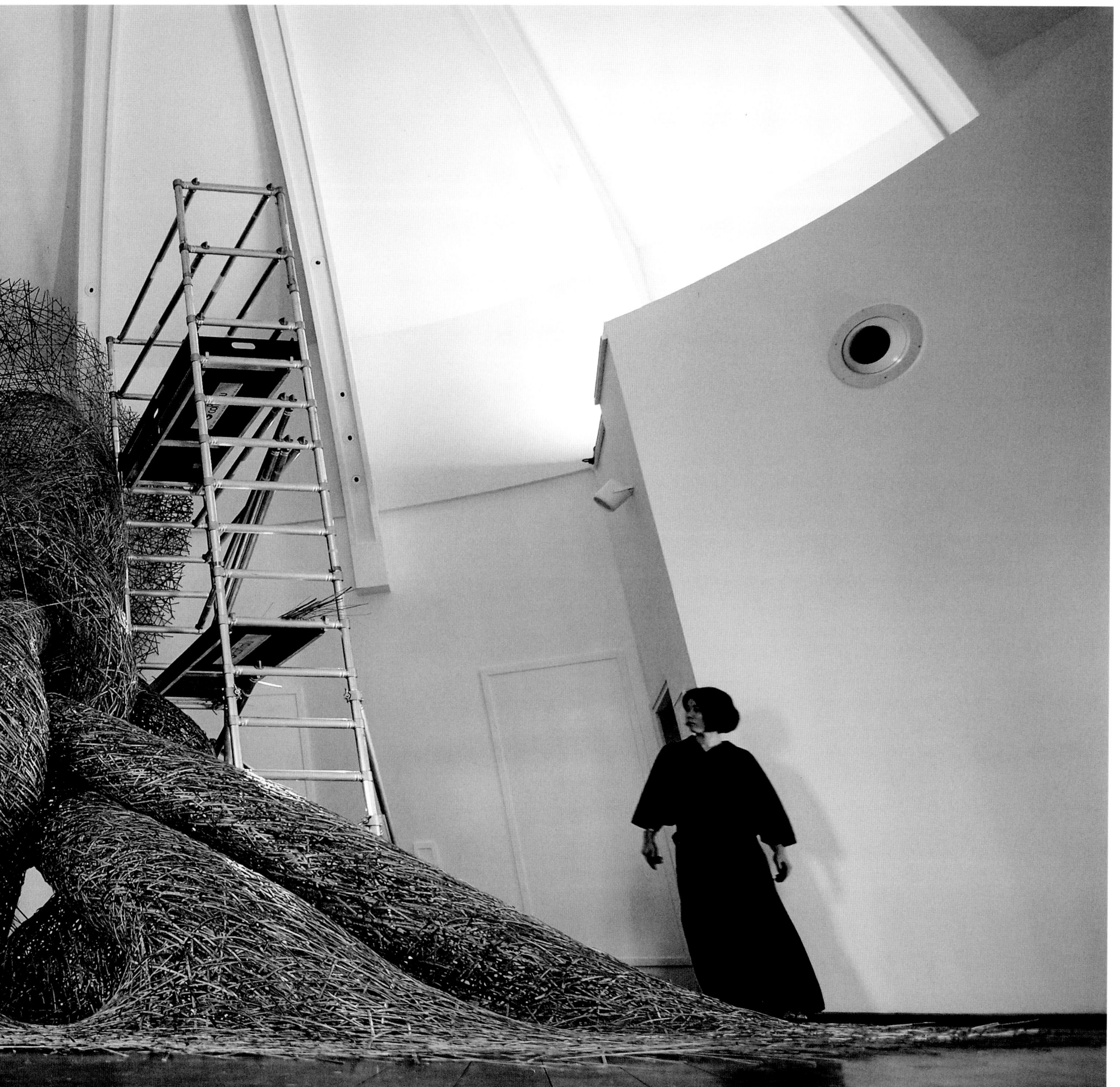

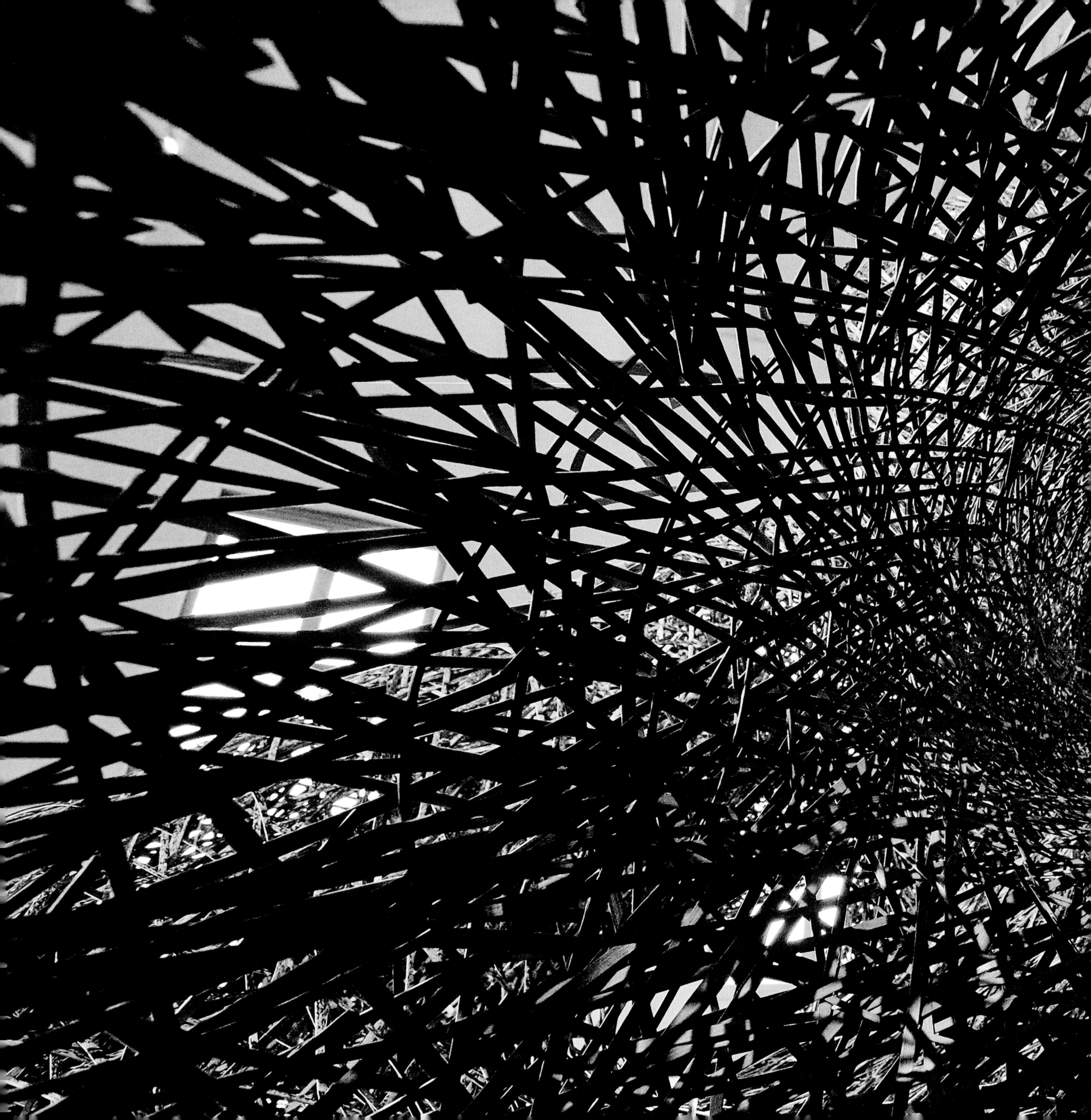

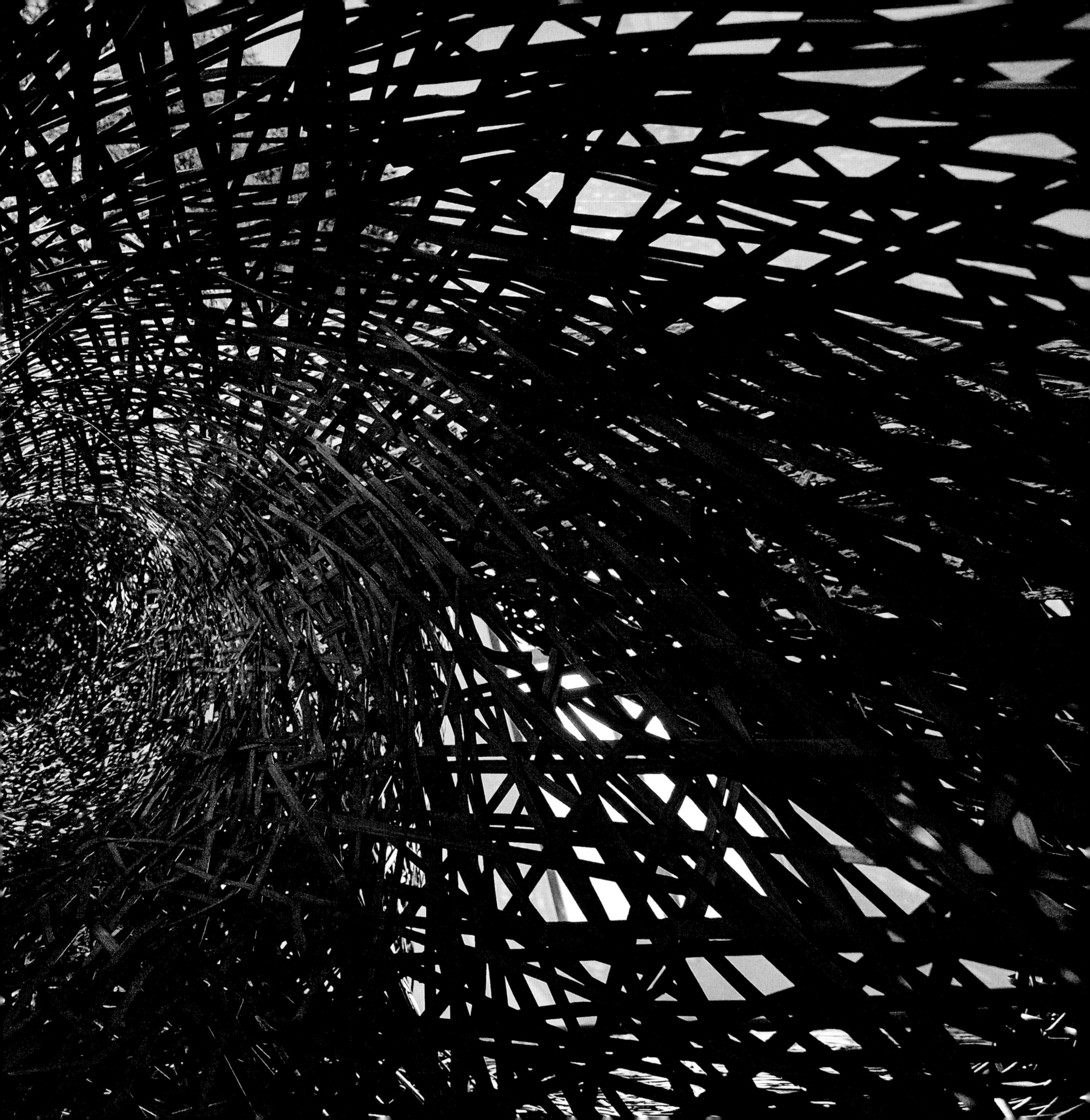

「五大」

風は雲をよび水を降らせる

そして大地へと降り立つ

水は恵み

地は命

火は情熱

風は自由

虚空とは終わることの無い広がりをもつ世界

何ものでもなく、全てを表す

無限、それこそが虚空

五大の響きの中で人は生かされる

人もまた天地の摂理の一部にすぎない

«GODAI»*

Le vent appelle un nuage, et une averse nous dispense ses bienfaits
Et tombe sur la terre.

L'eau est grâce

La terre est vie

Le feu est passion

Le vent est liberté

Le vide est le monde sans fin

Il n'est rien, mais tout
Le vide est l'infini

L'homme peut vivre dans le cercle des *godai* (cinq éléments)

L'homme fait partie de la providence de l'univers

*Cinq éléments : Ils sont issus de la philosophie japonaise liée au bouddhisme japonais,
qui dérive de la philosophie Vastu Shastra et de croyances bouddhistes. *Godai* désigne
les cinq éléments traditionnels les plus importants, qui sont la terre, l'eau, le feu, le vent et le vide.

"GODAI"*

A wind beckons to a cloud, and a rain shower scatters its benefits upon us
And falls to earth

Water is grace

Earth is life

Fire is passion

Wind is freedom

Void is the world that never ends

It is nothing but everything
The void is infinity

Man can live in the ring of the Godai (five elements)

Man is a part of the providence of the universe

*The "Five Elements" in Japanese philosophy and Japanese Buddhism, and derives
from Indian Vastu Shastra philosophy and Buddhist beliefs. Literally *godai* means
the "five main elements", comprising Earth, Water, Fire, Wind, and Void.

7 : 0 0 a m ●

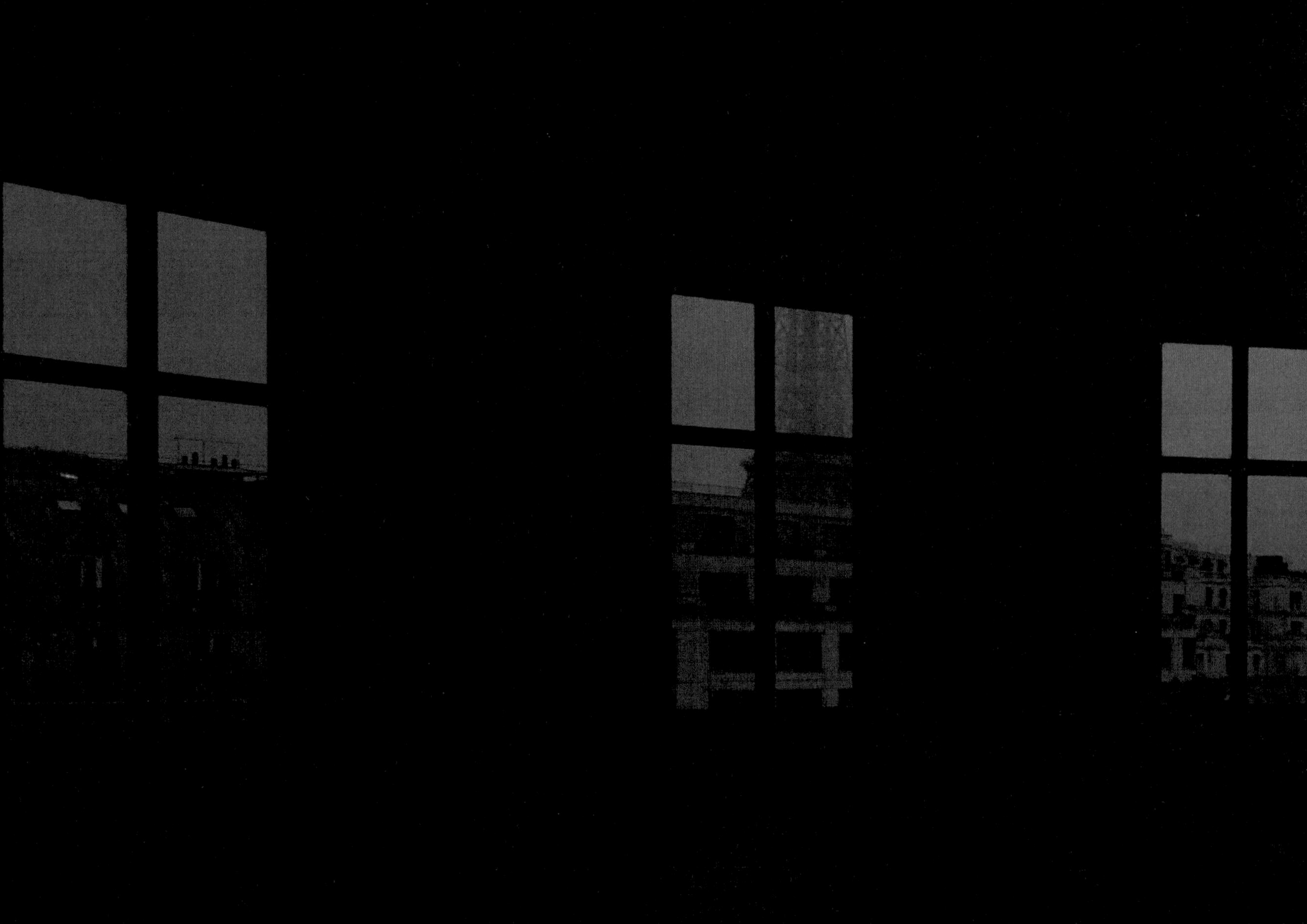

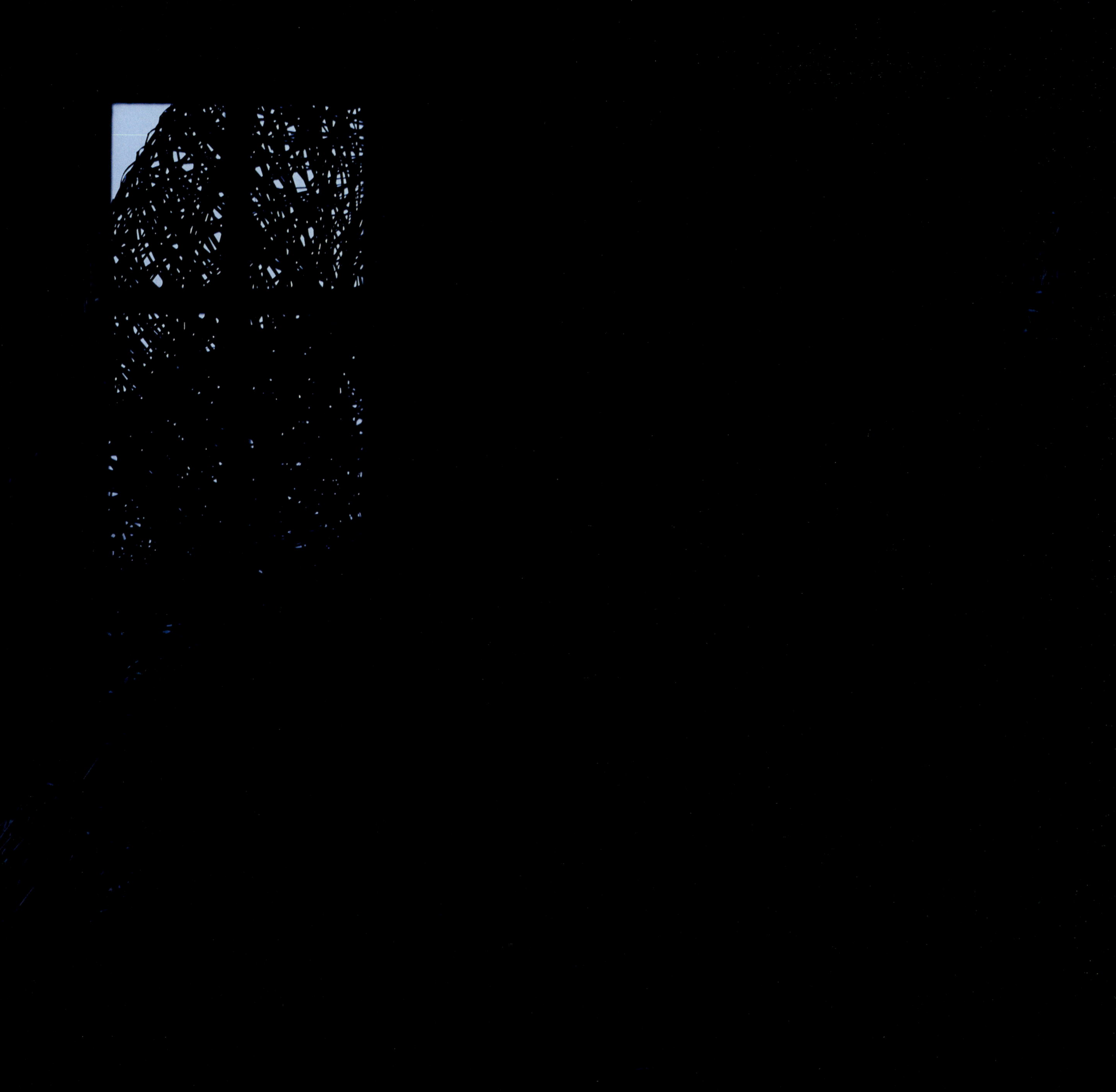

8:00am

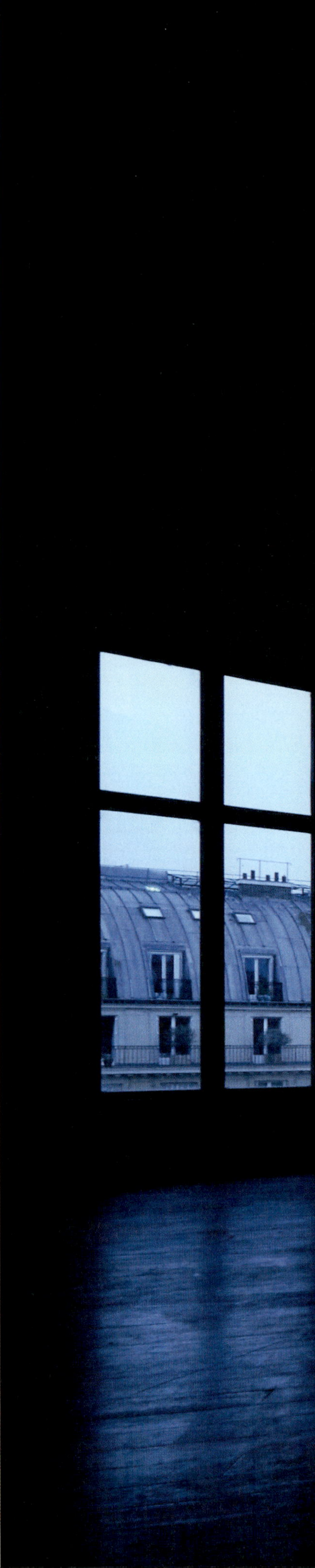

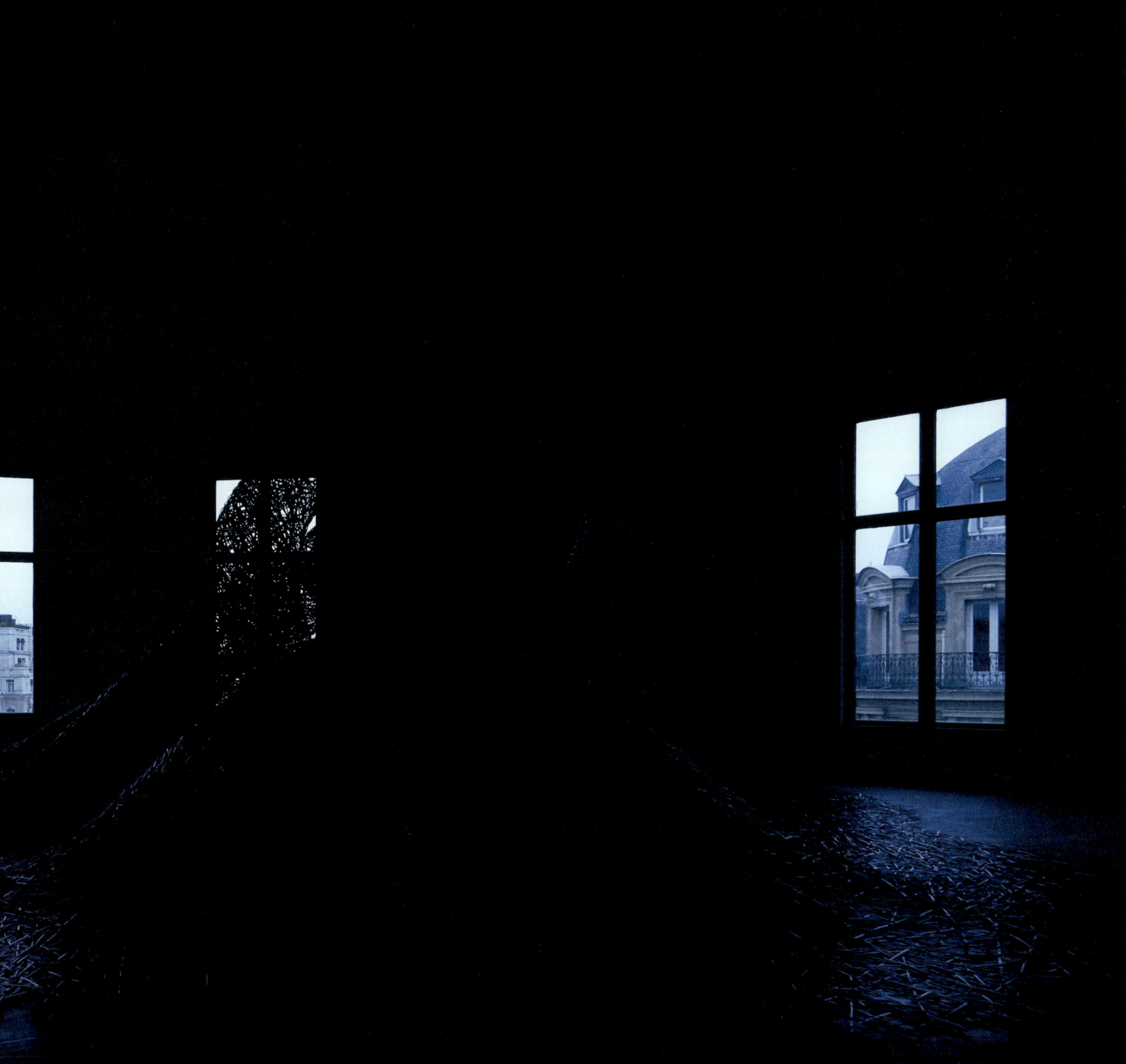

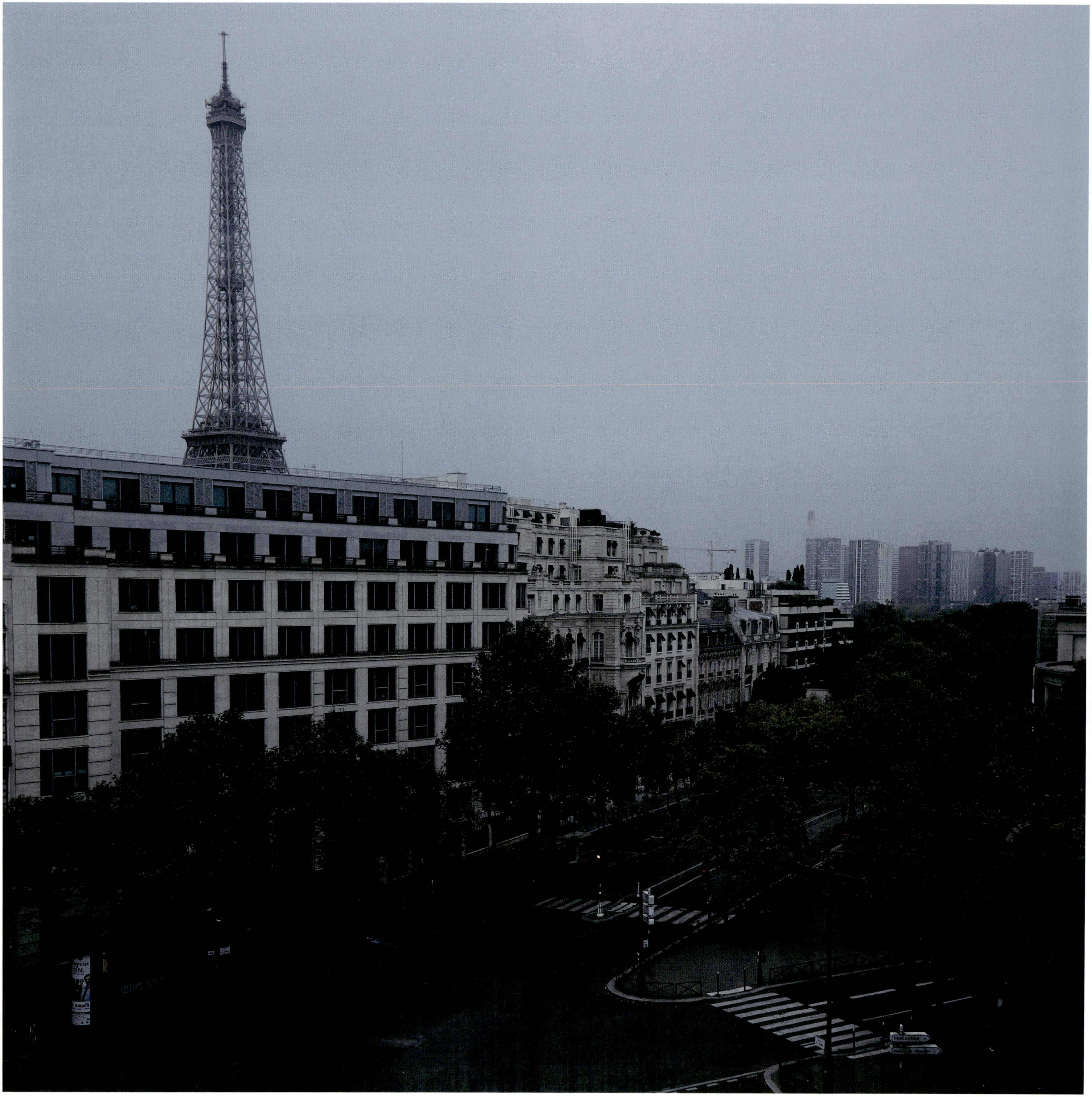

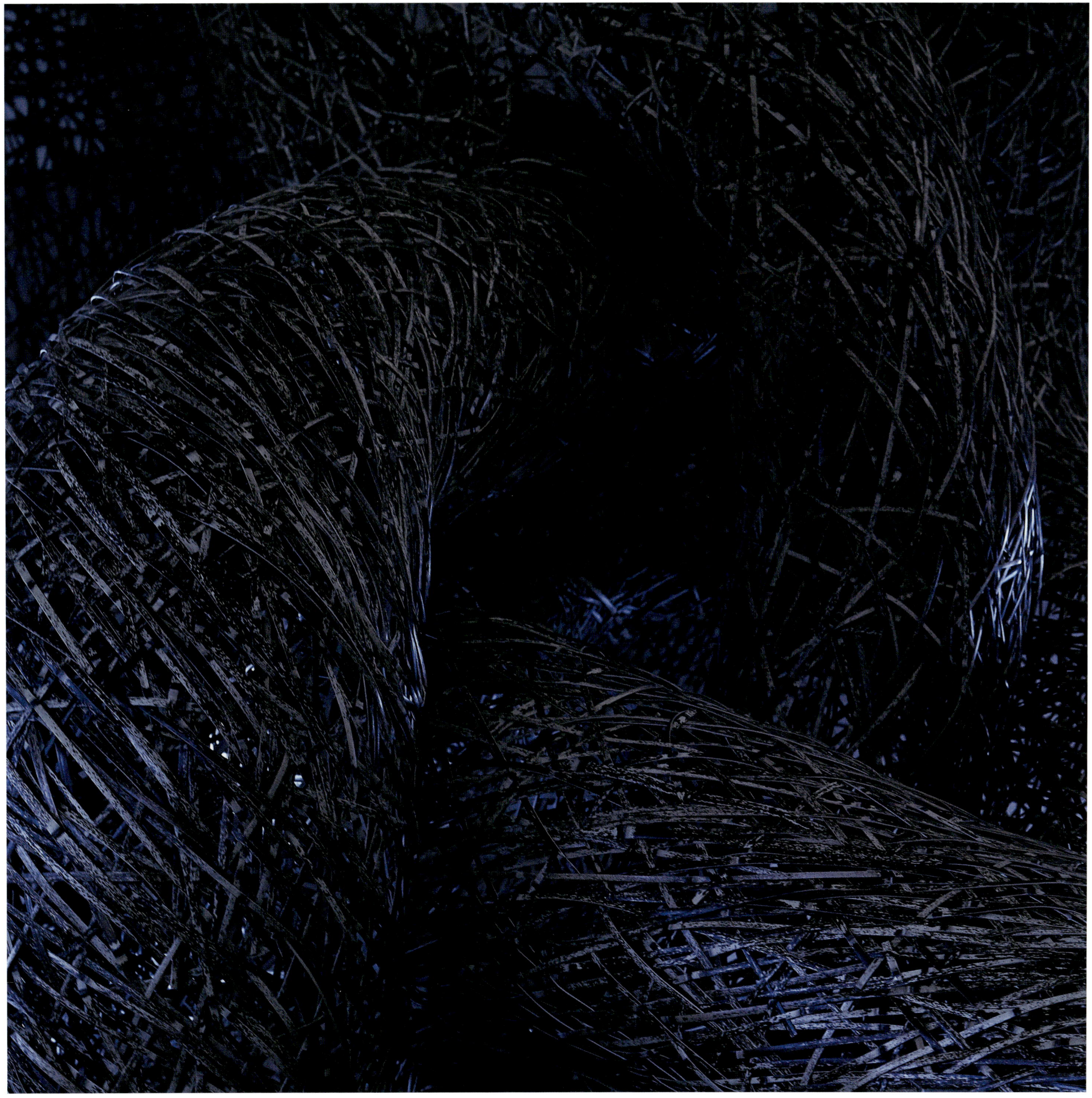

9:00am

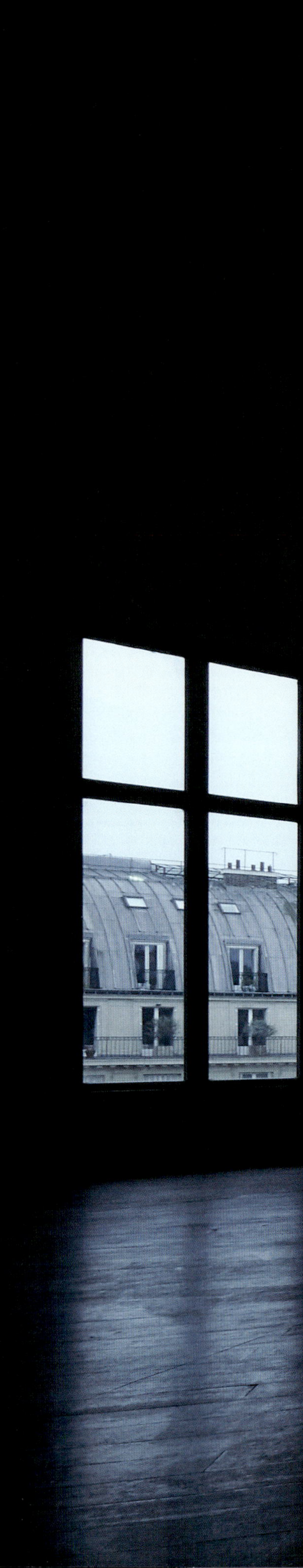

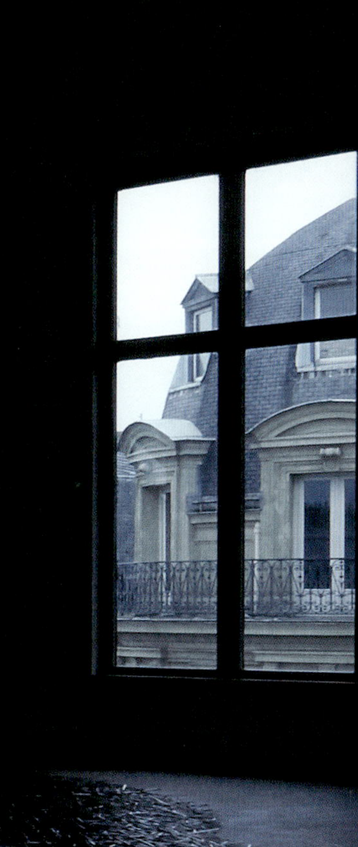

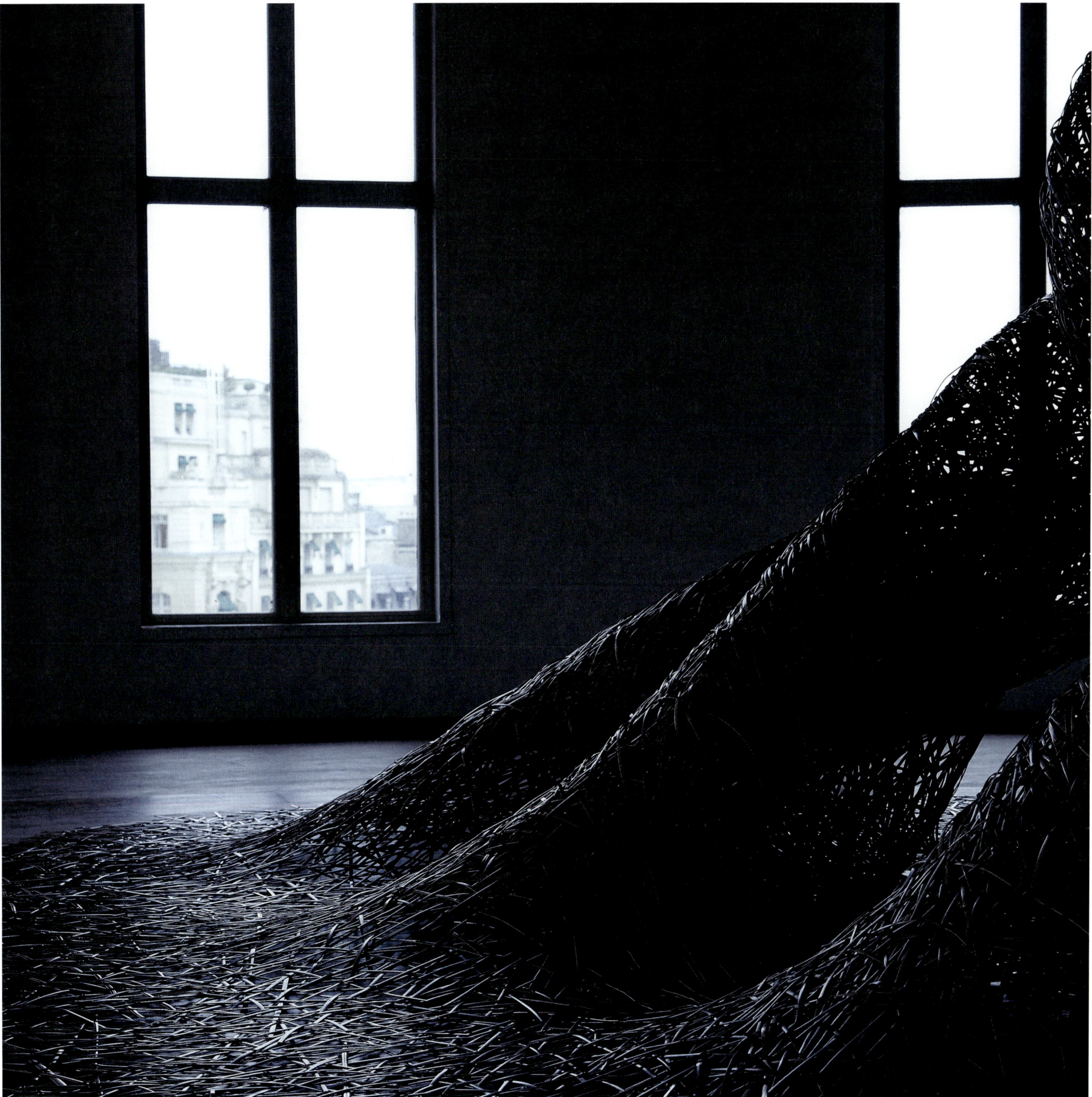

10:00am 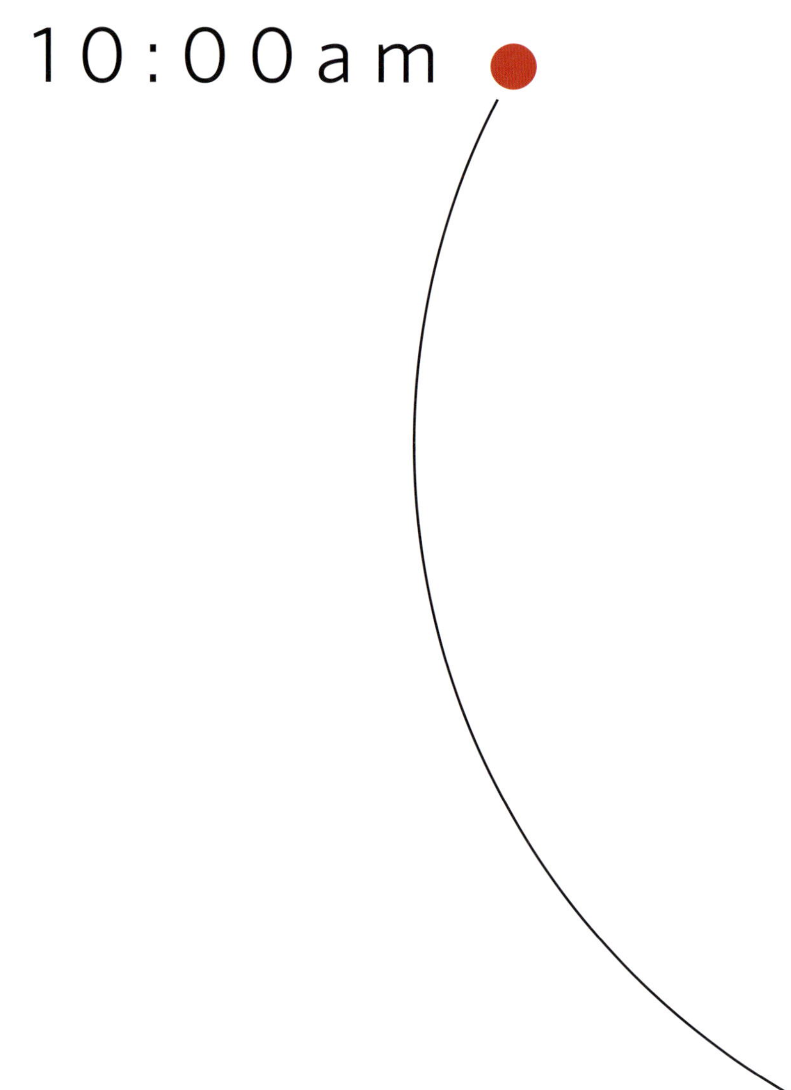

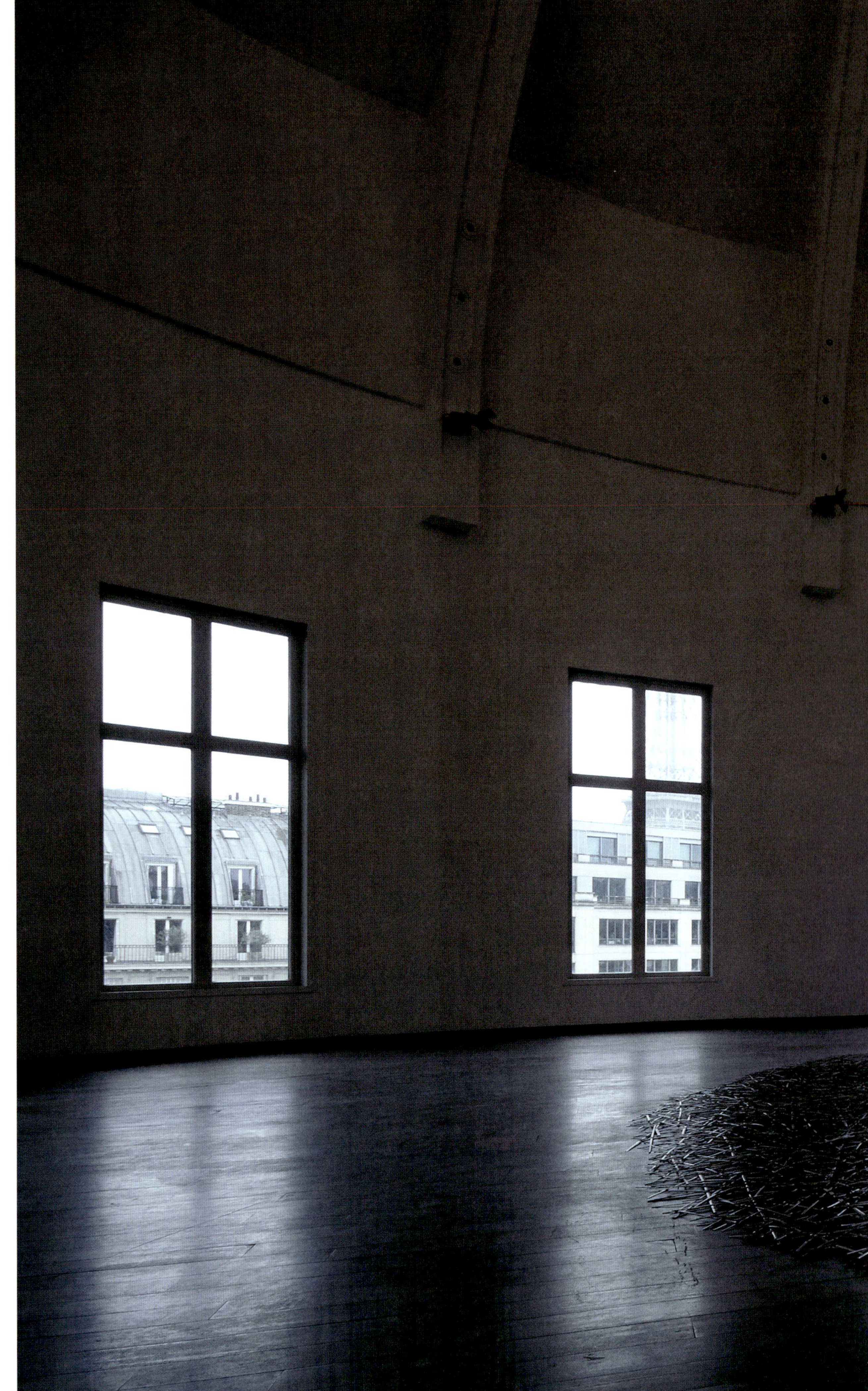

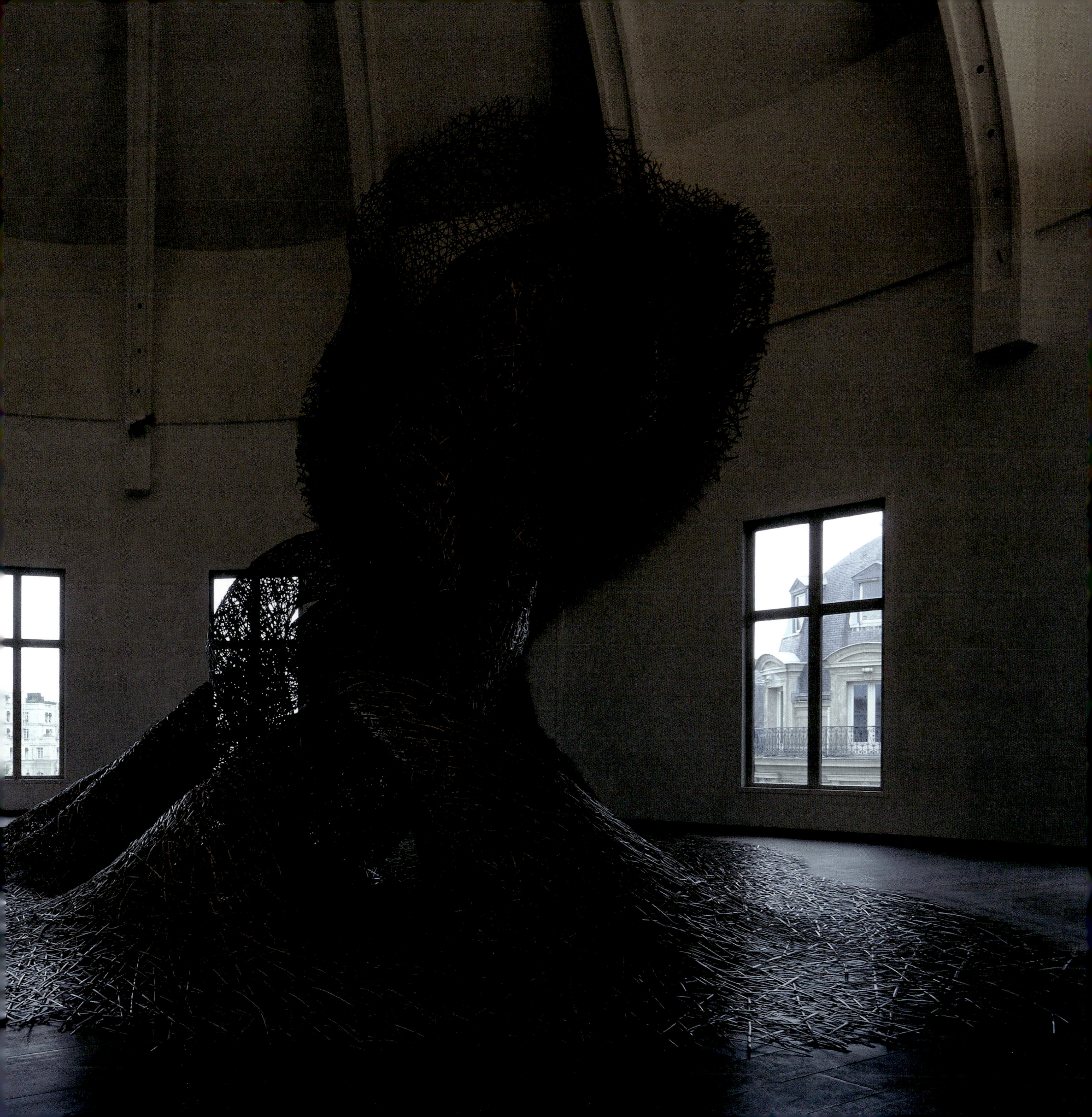

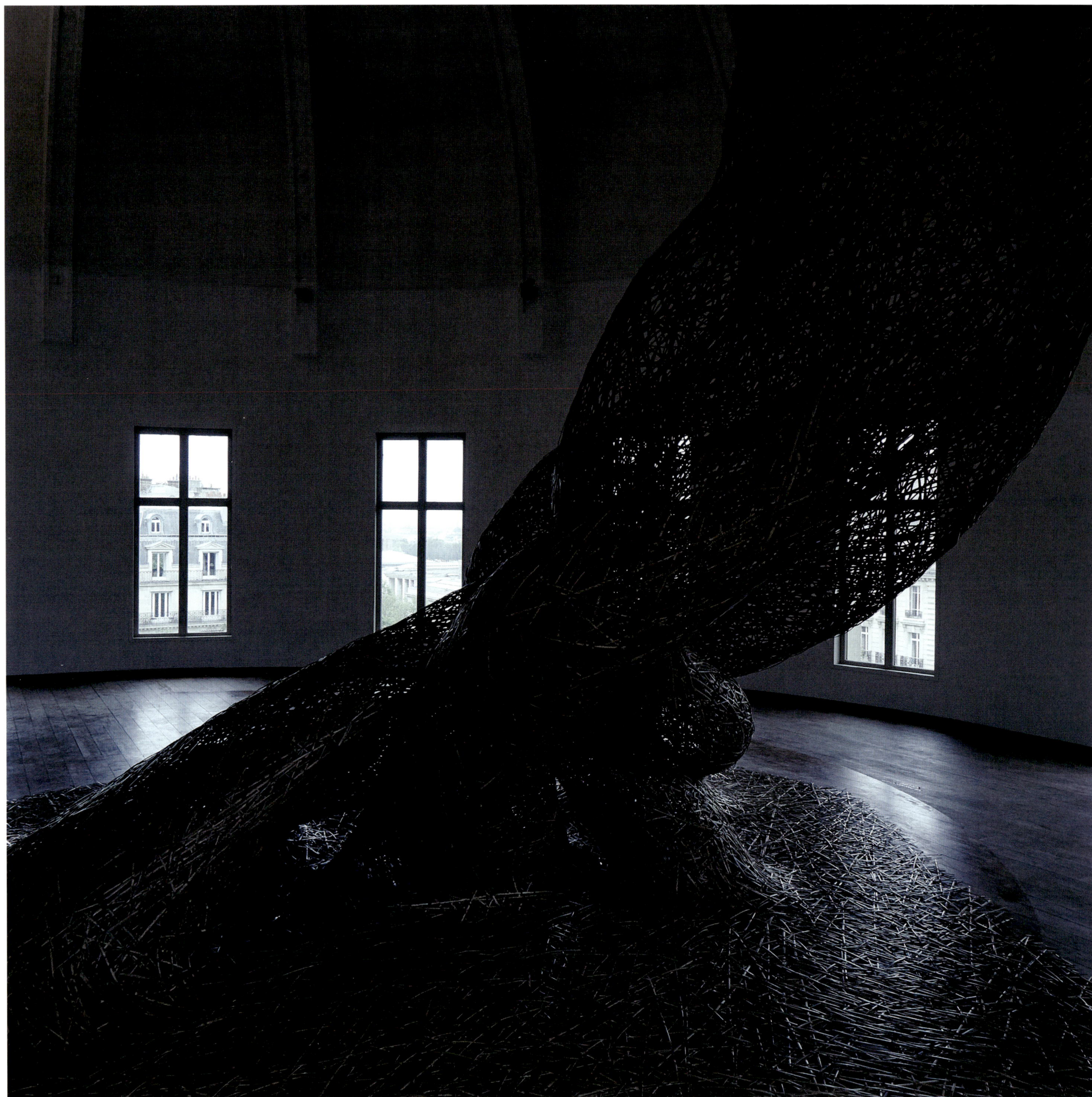

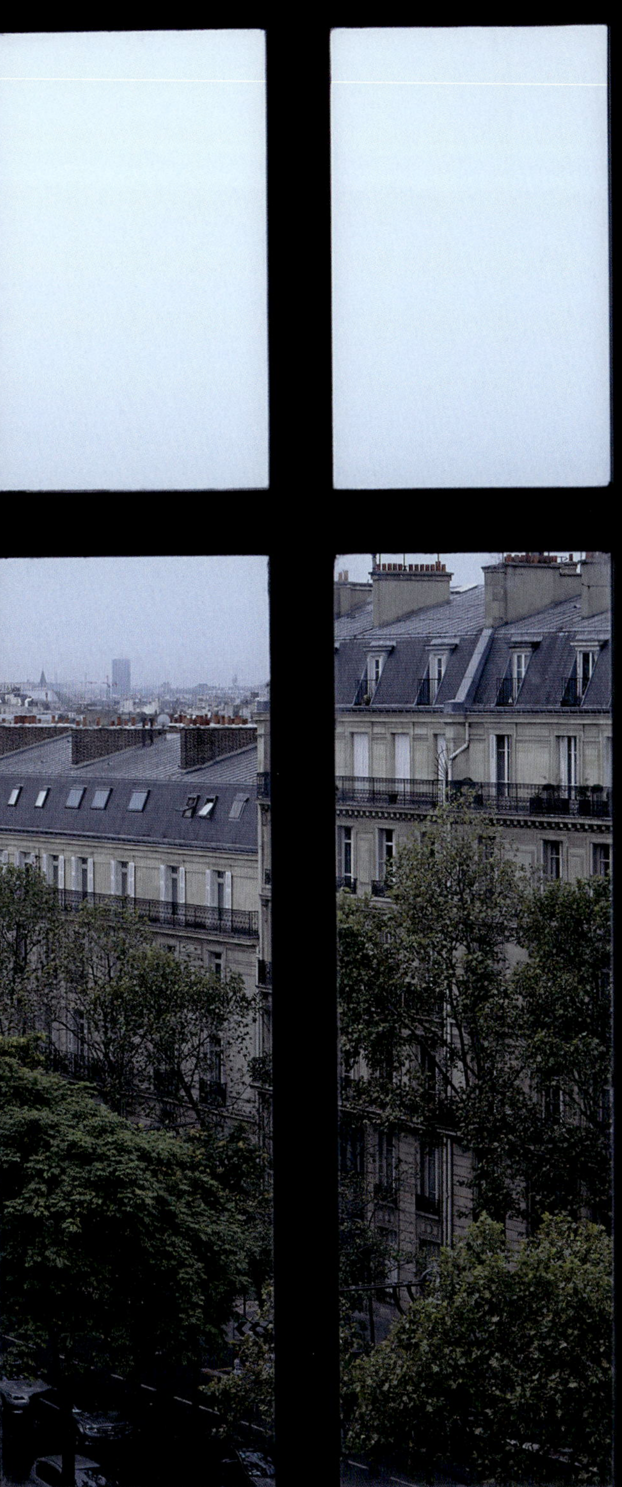

11:00am 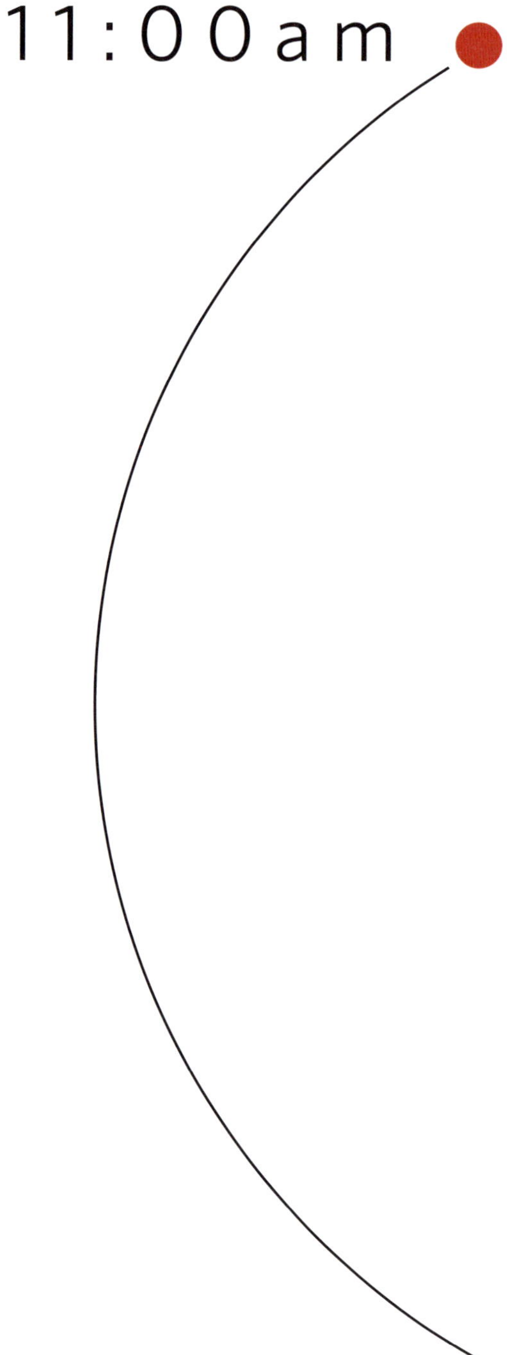

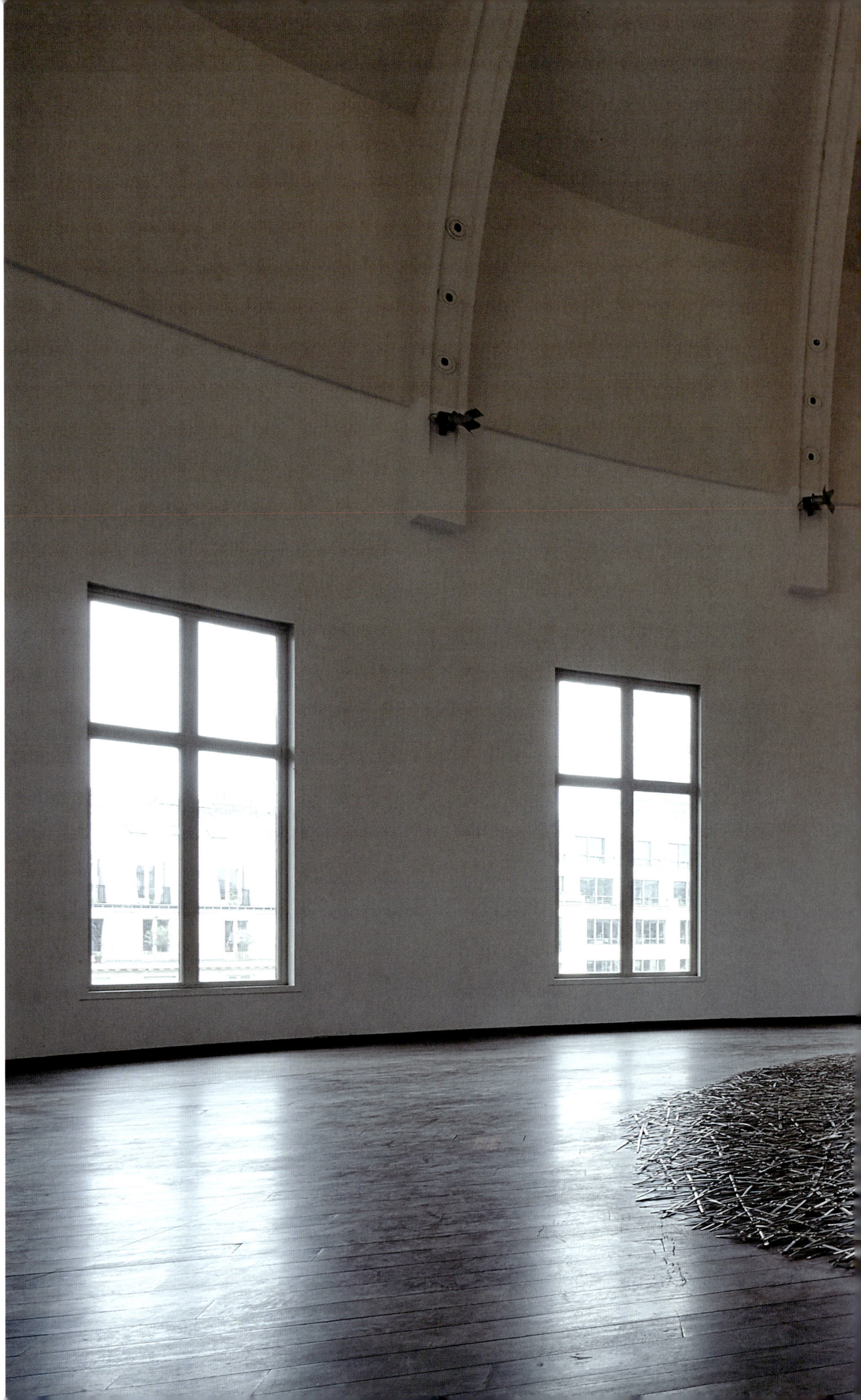

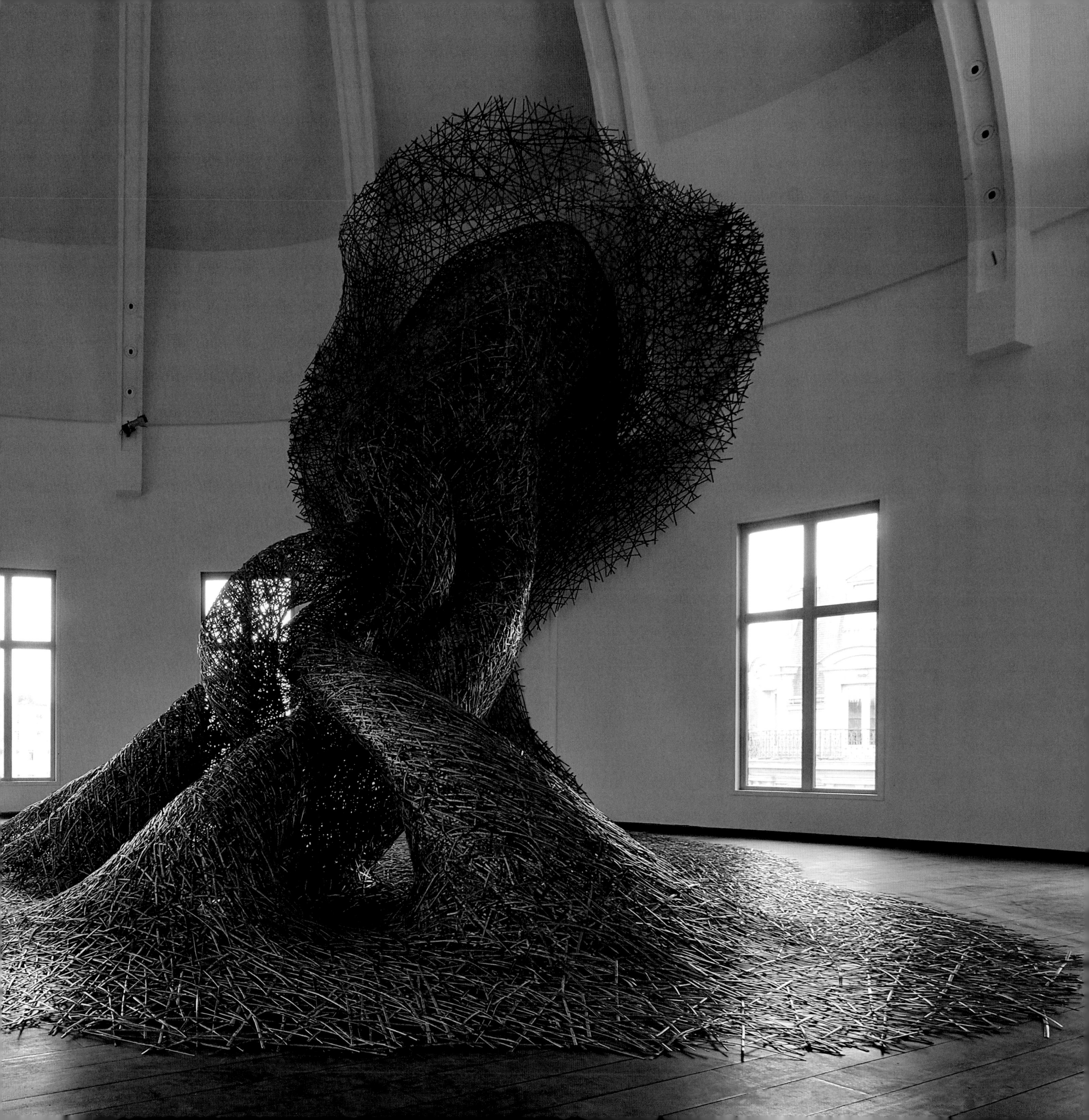

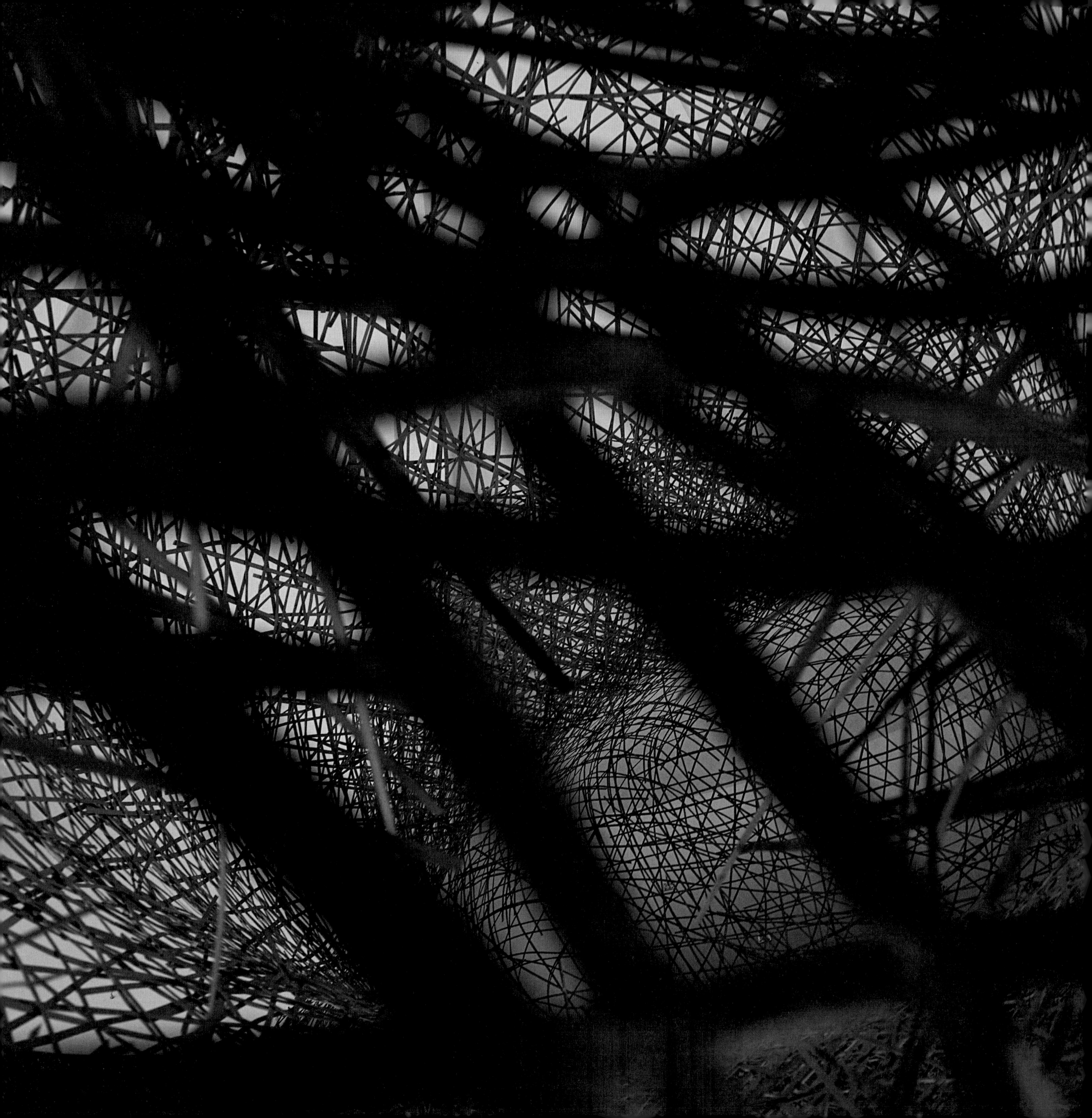

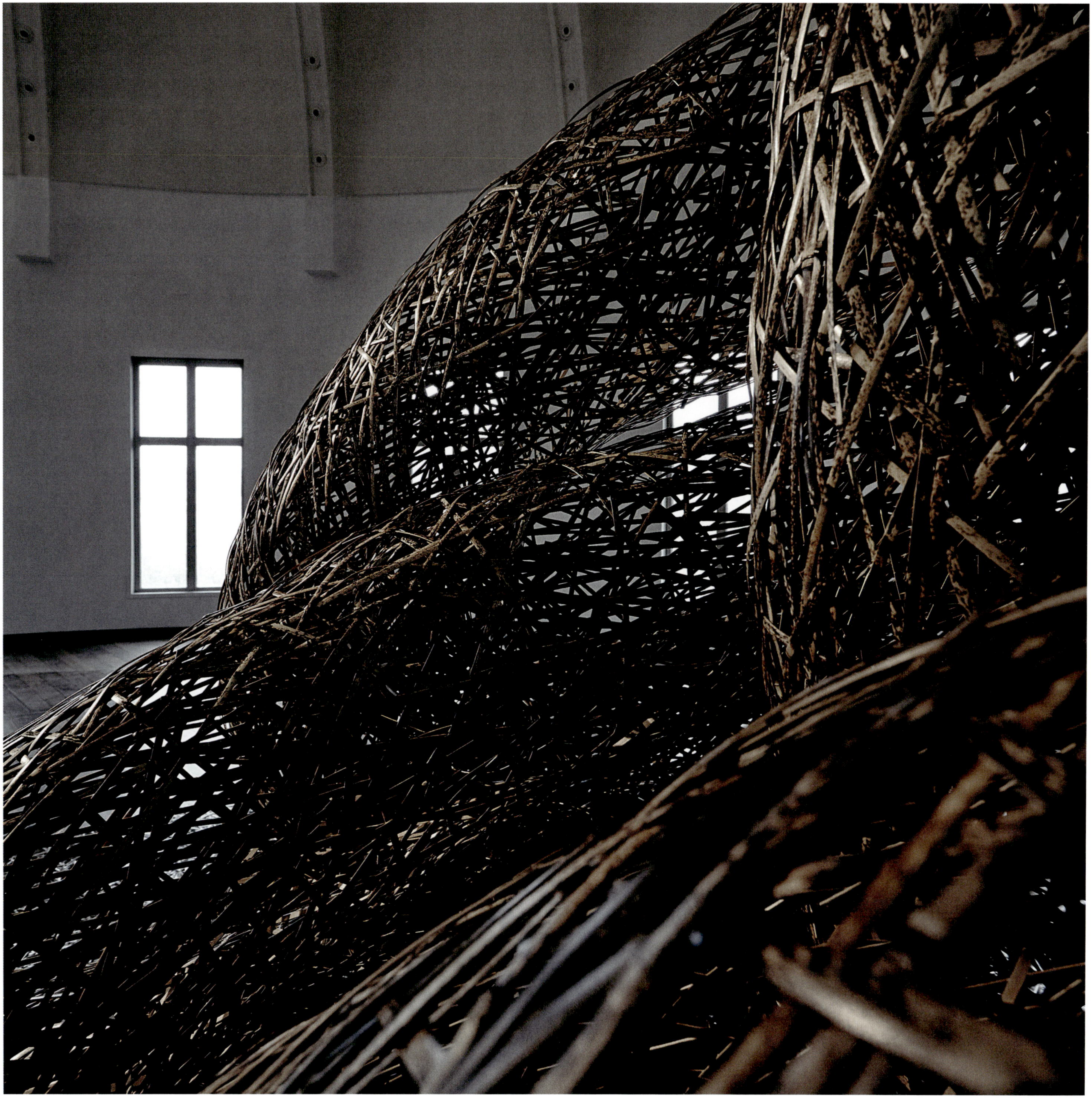

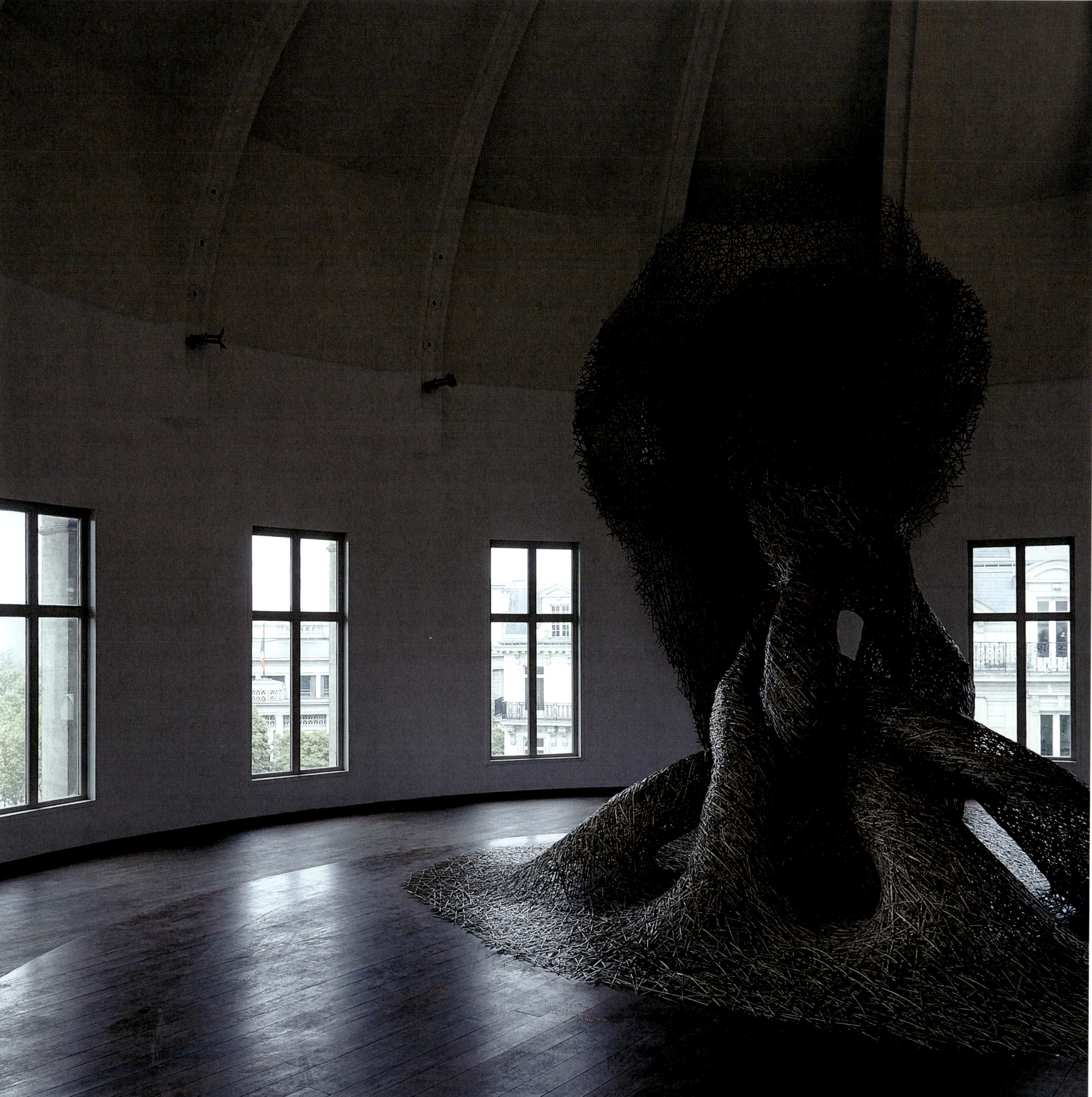

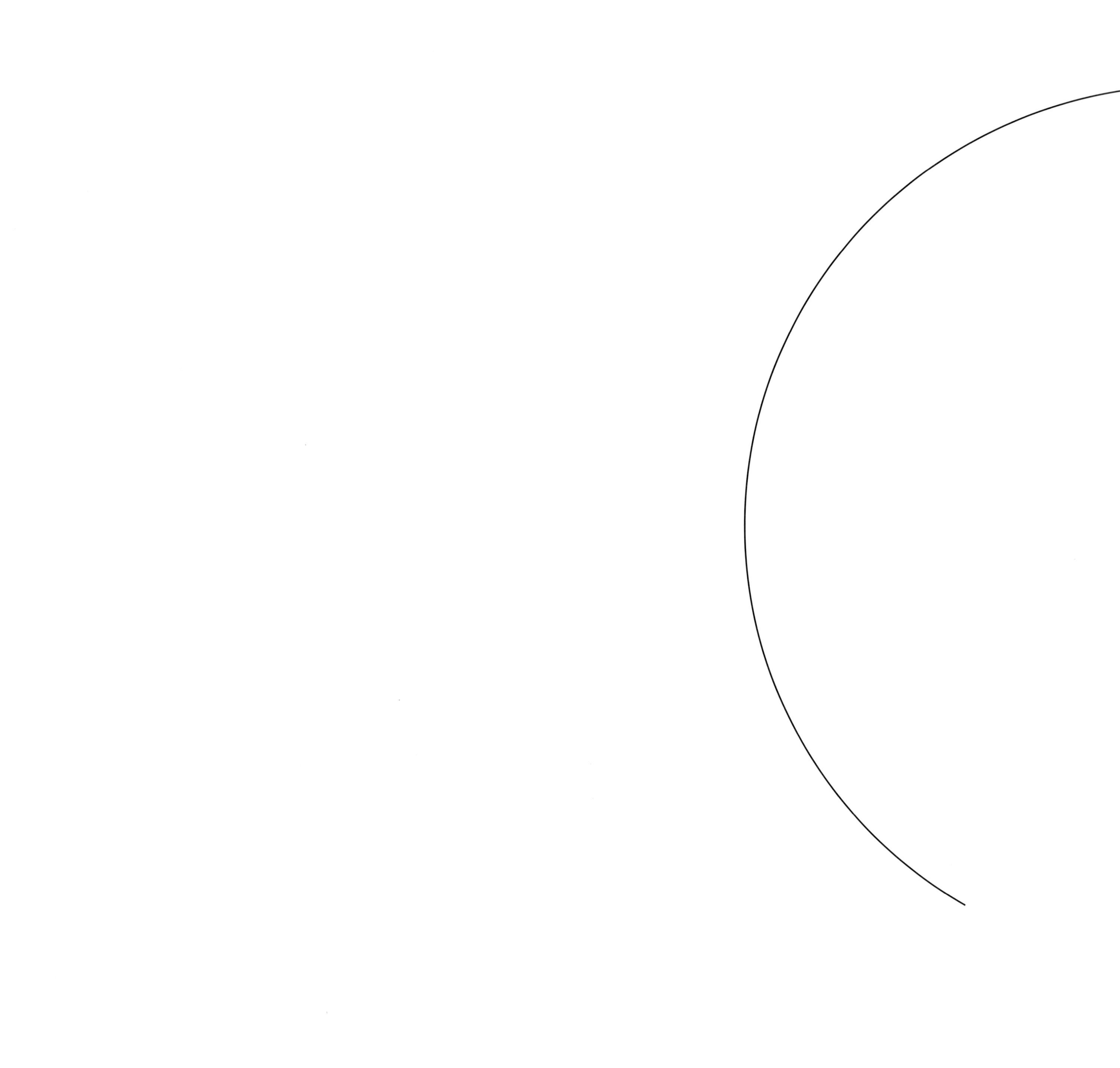

12:00am

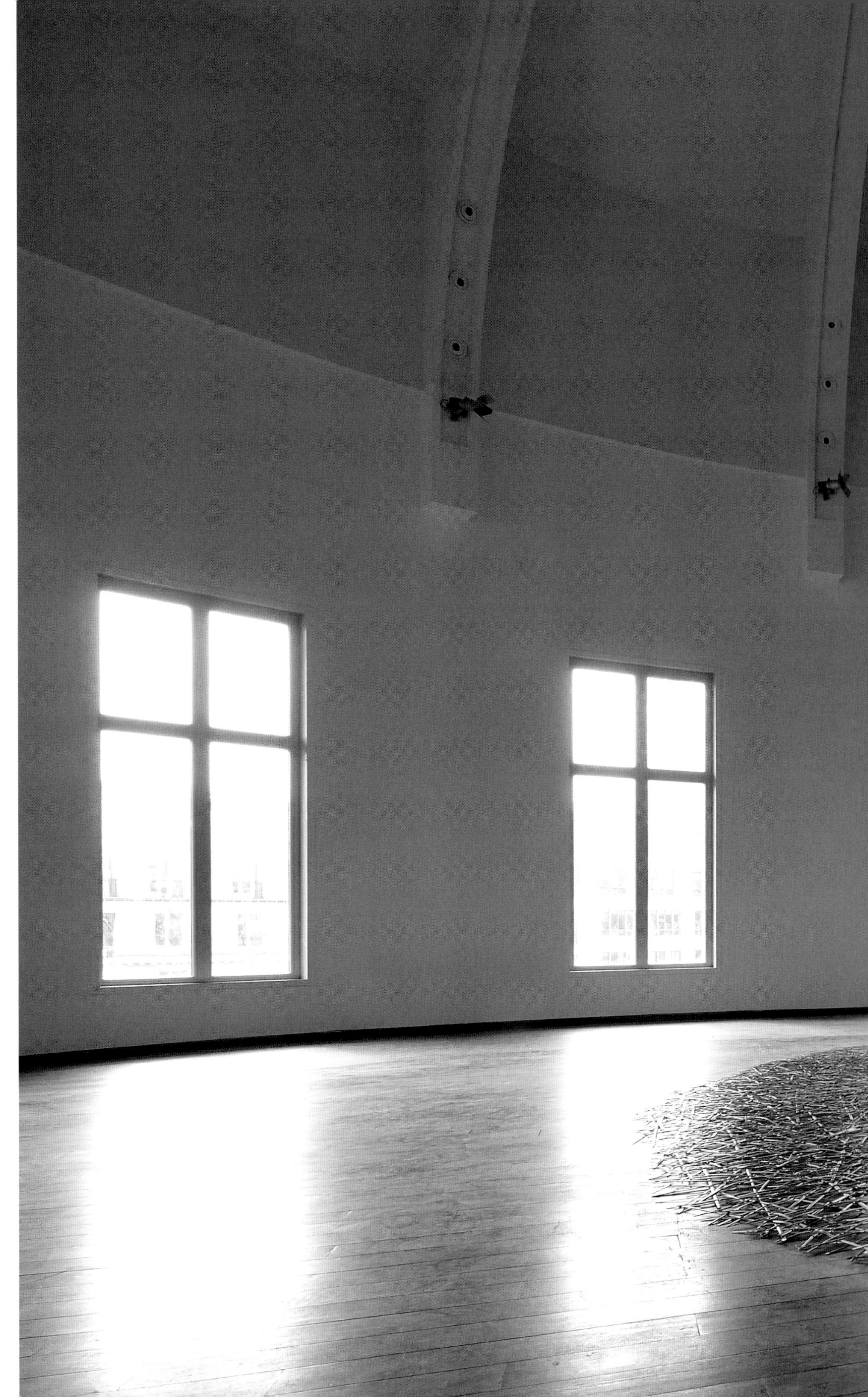

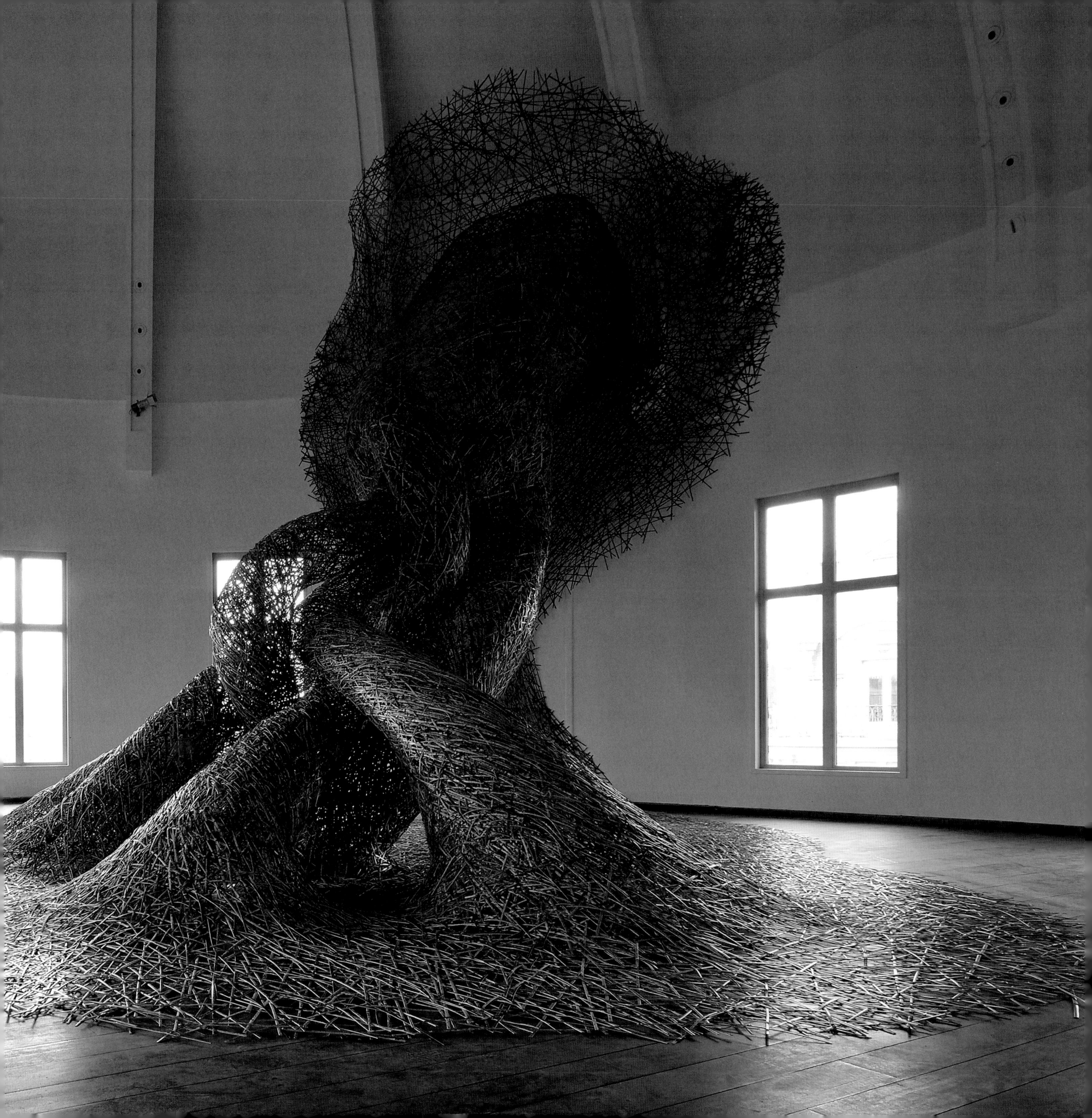

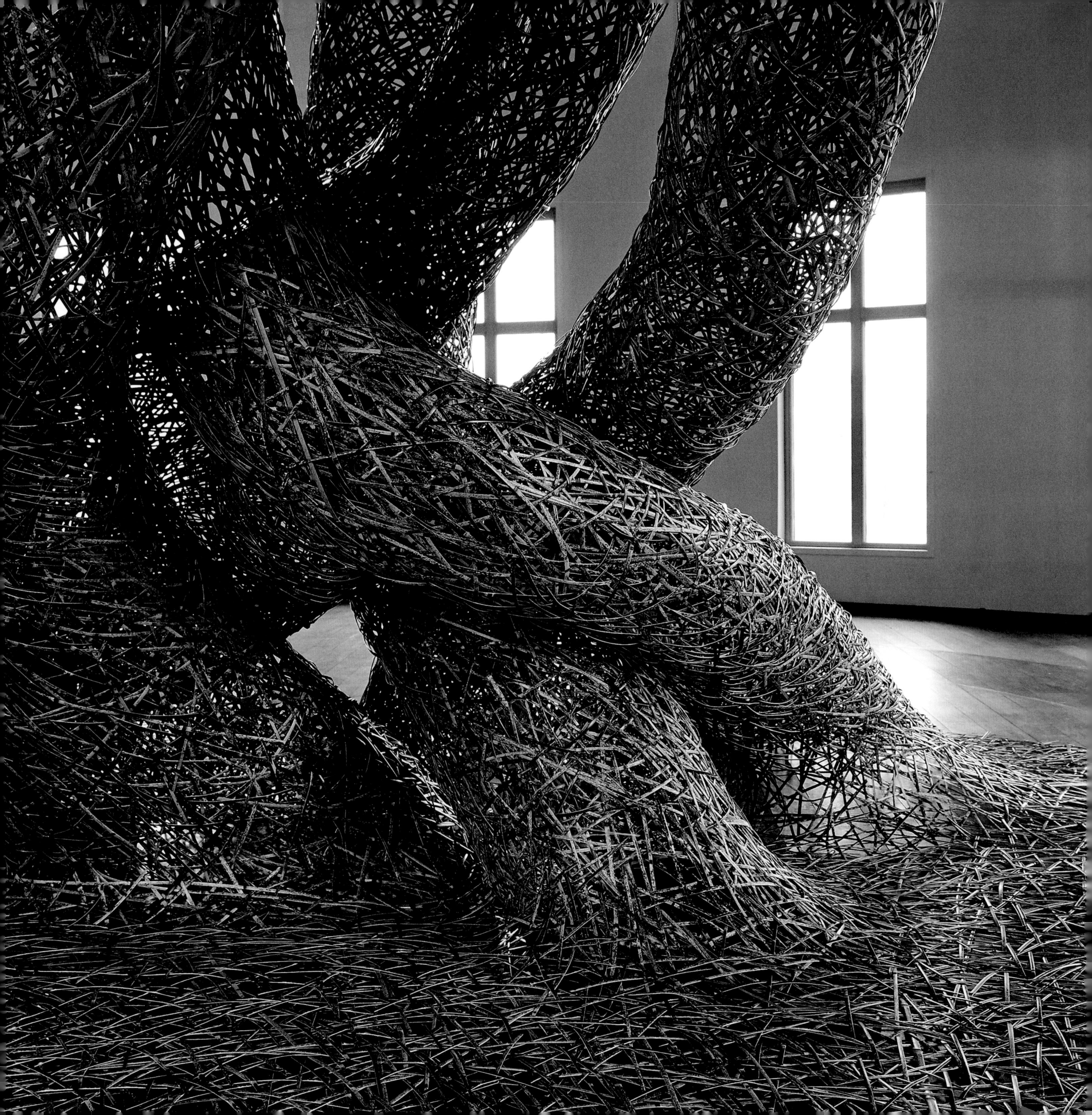

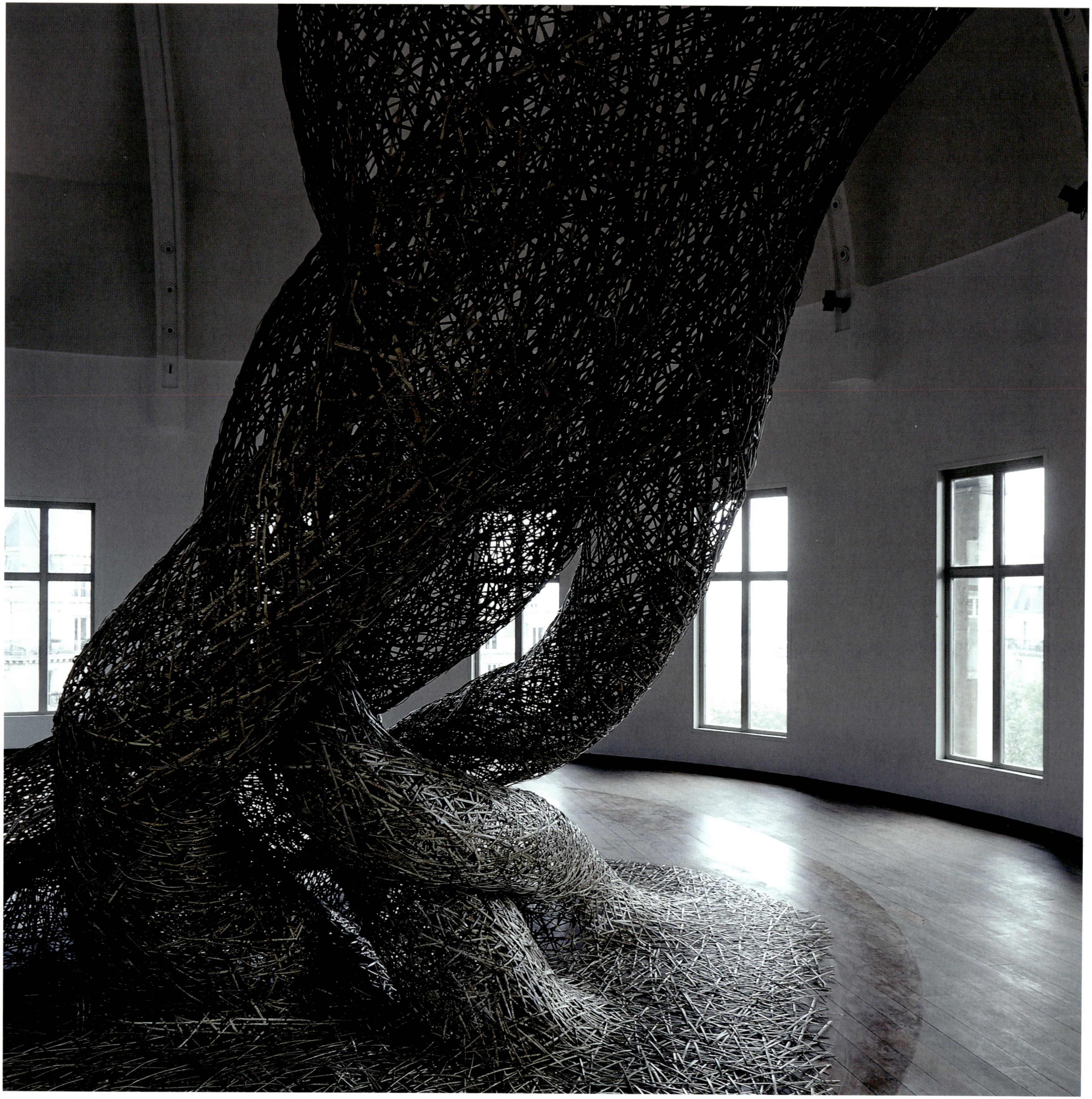

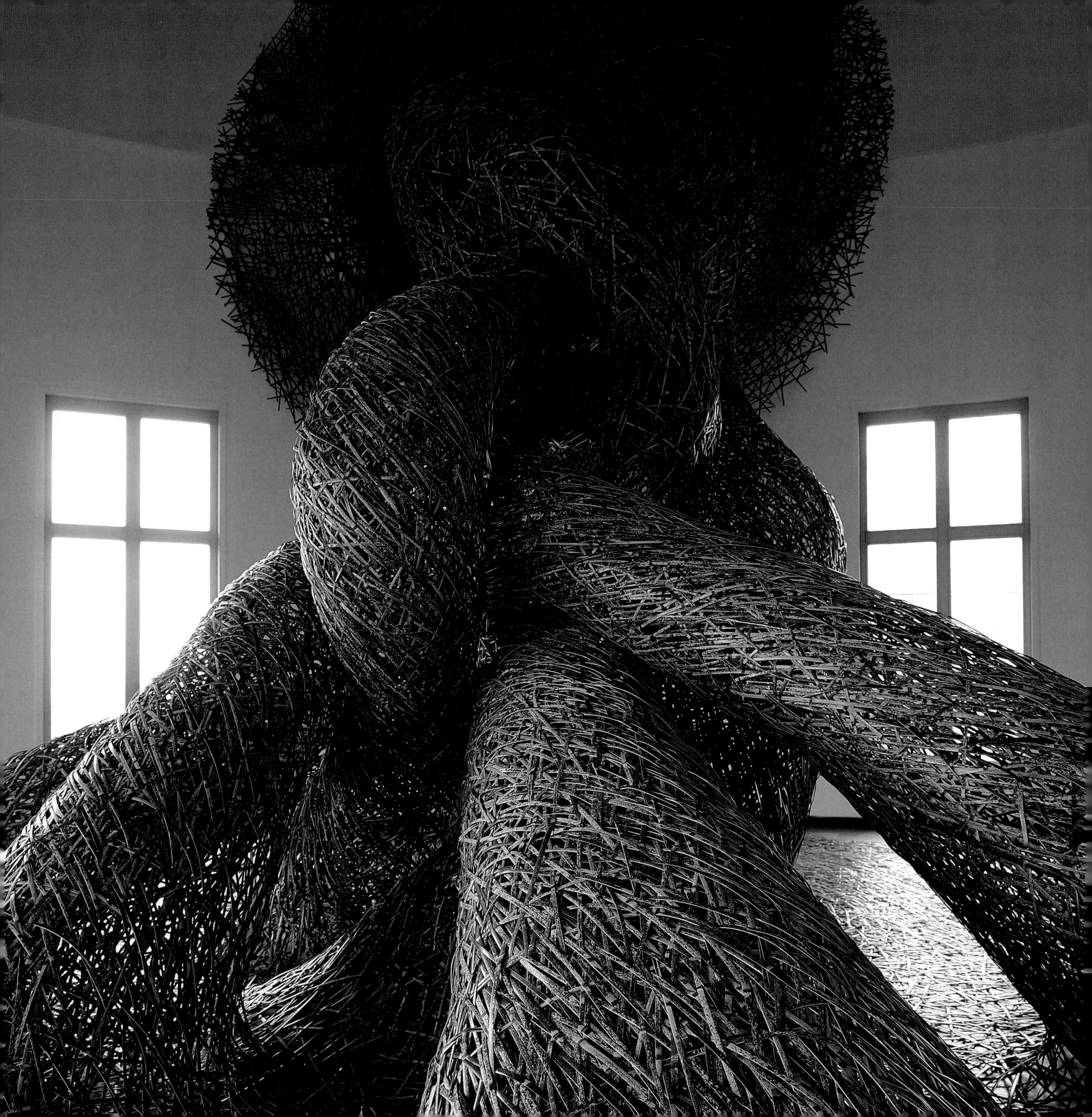

1:00pm

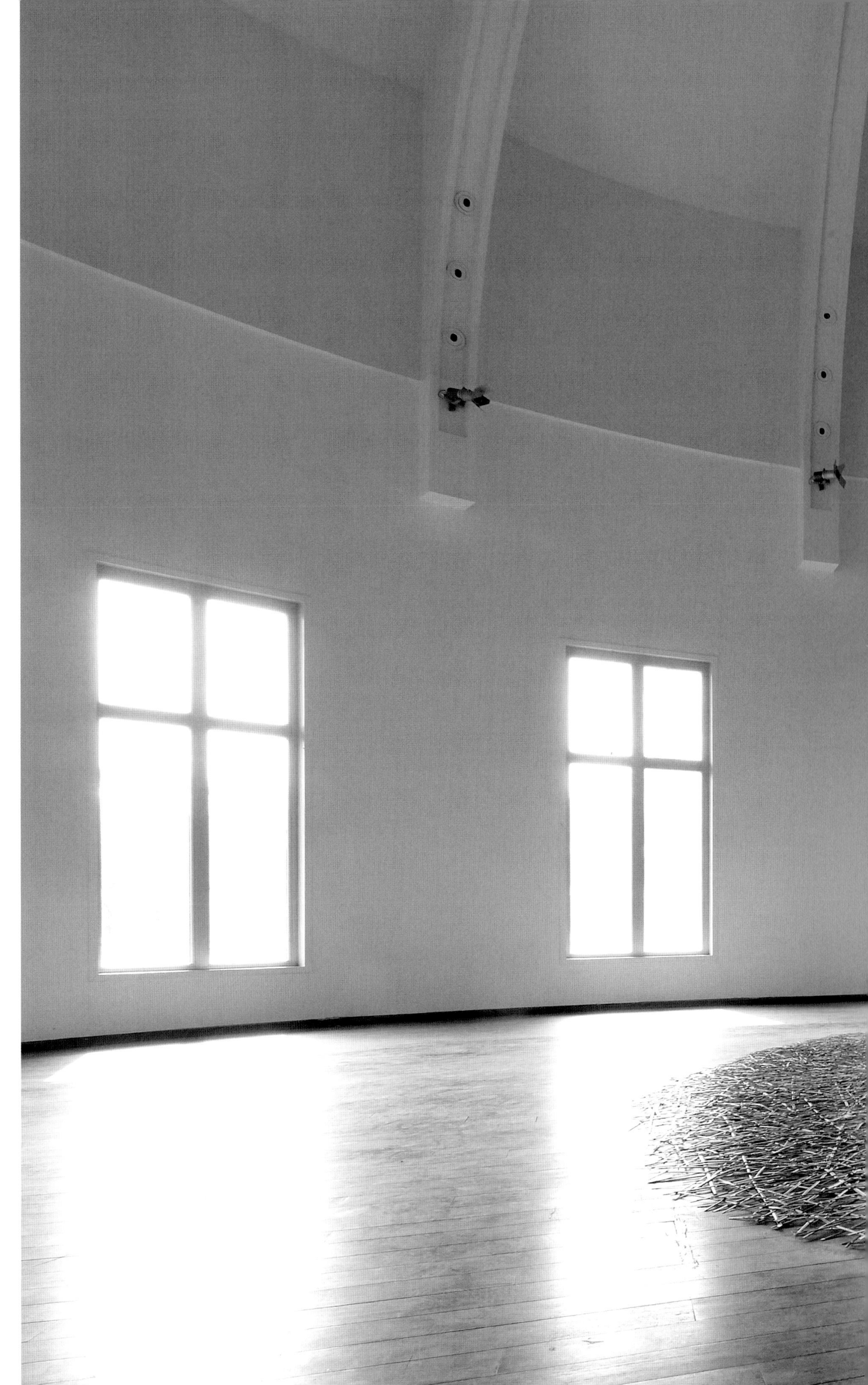

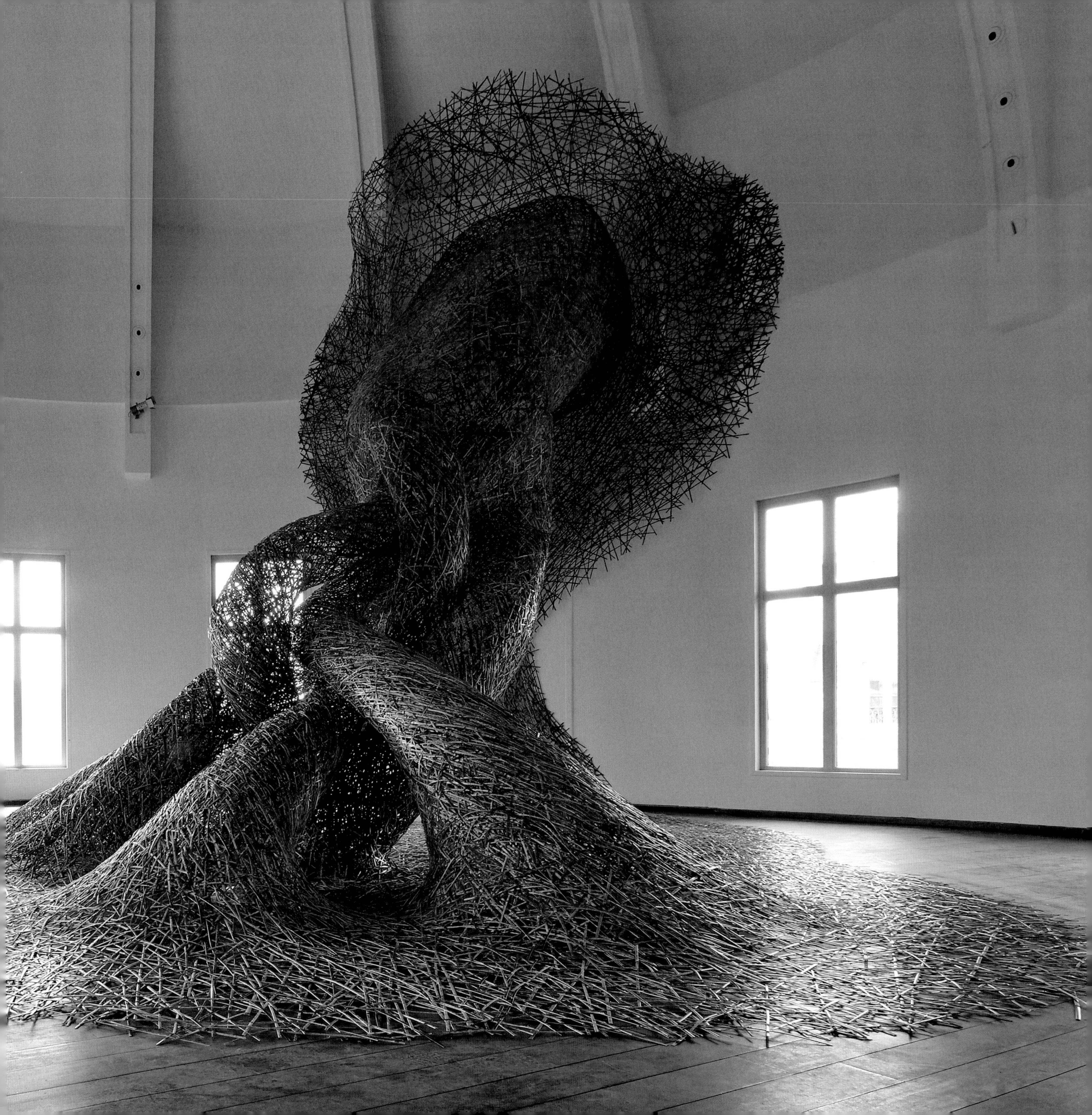

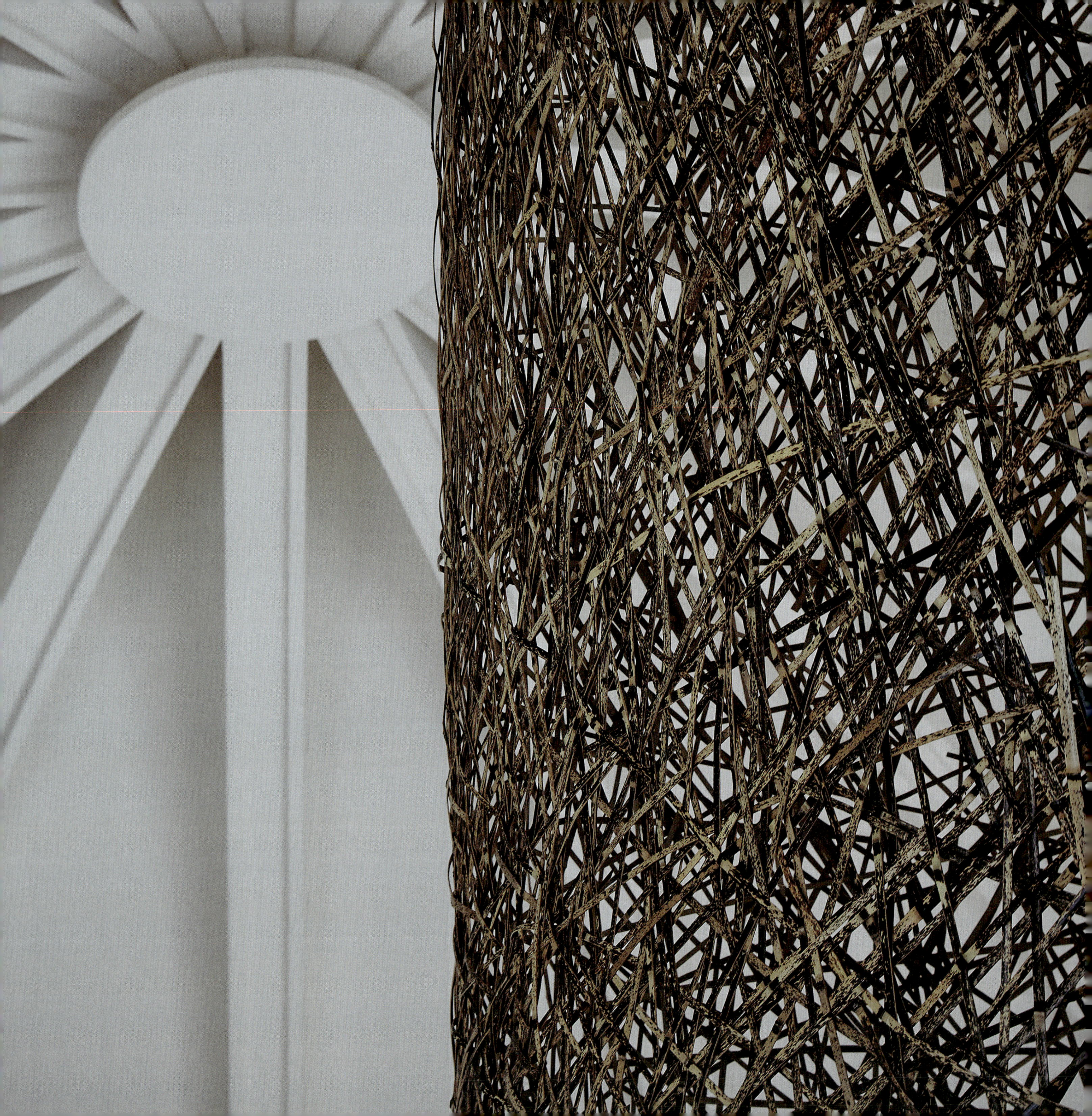

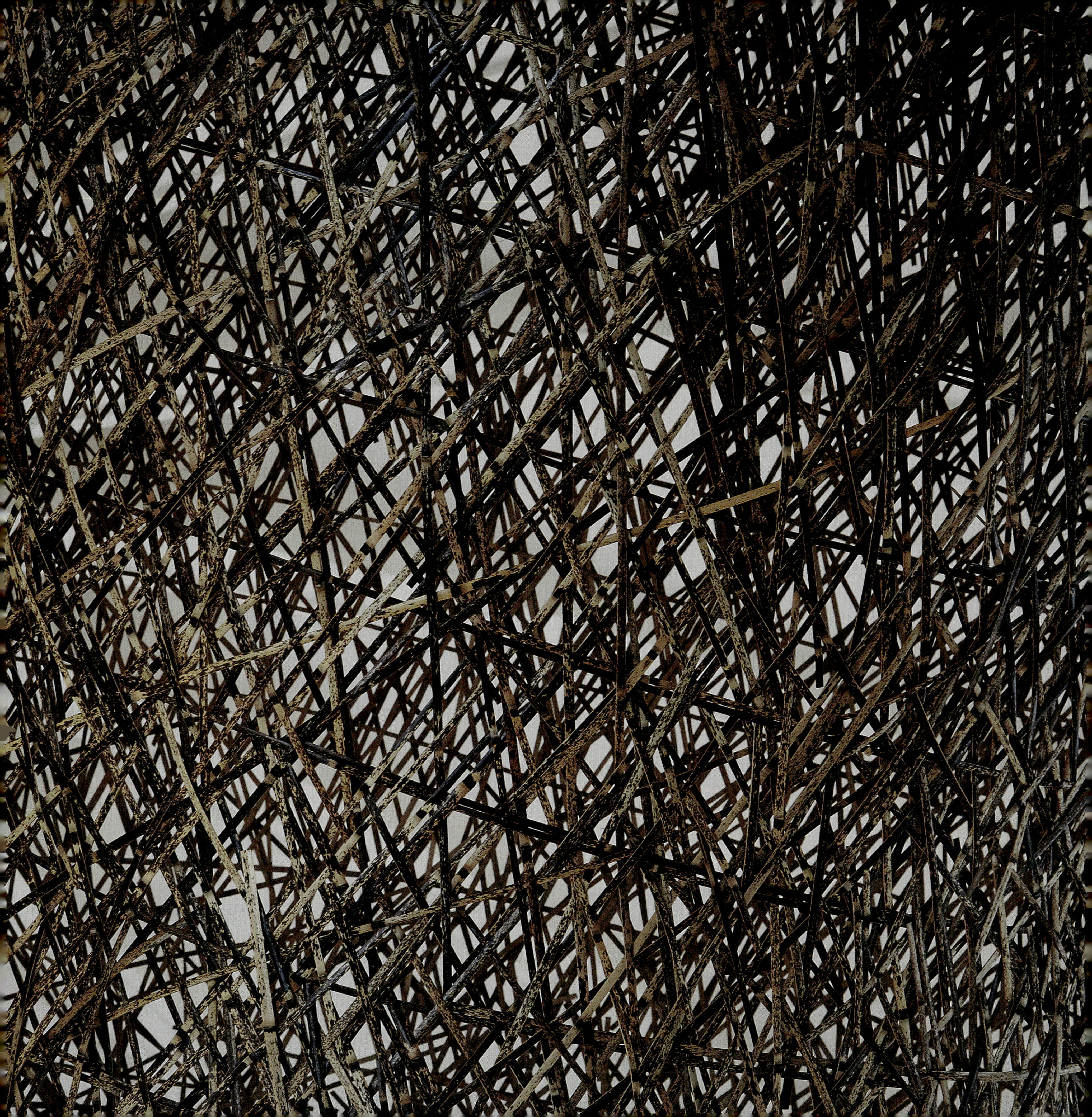

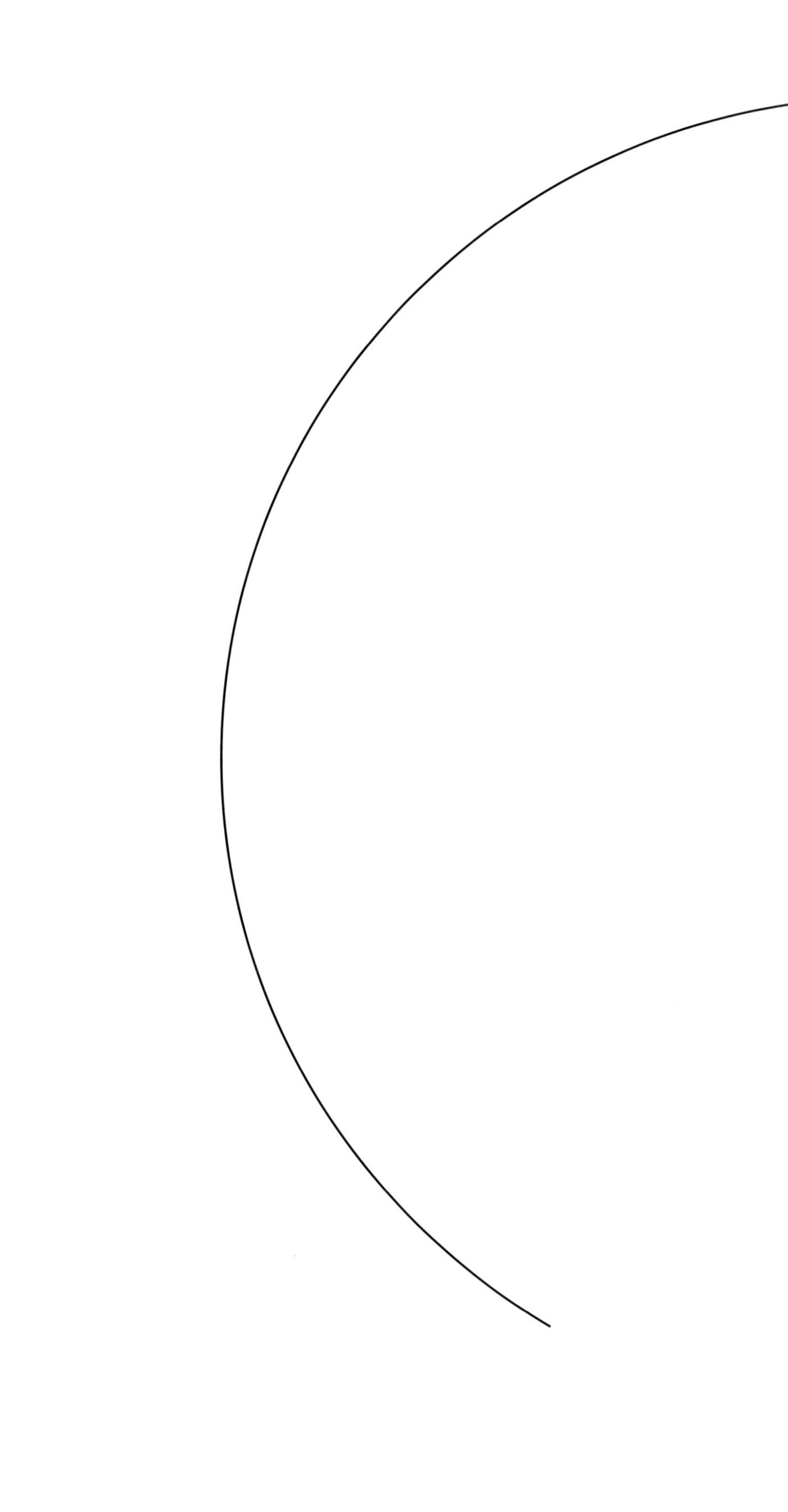

2:00pm

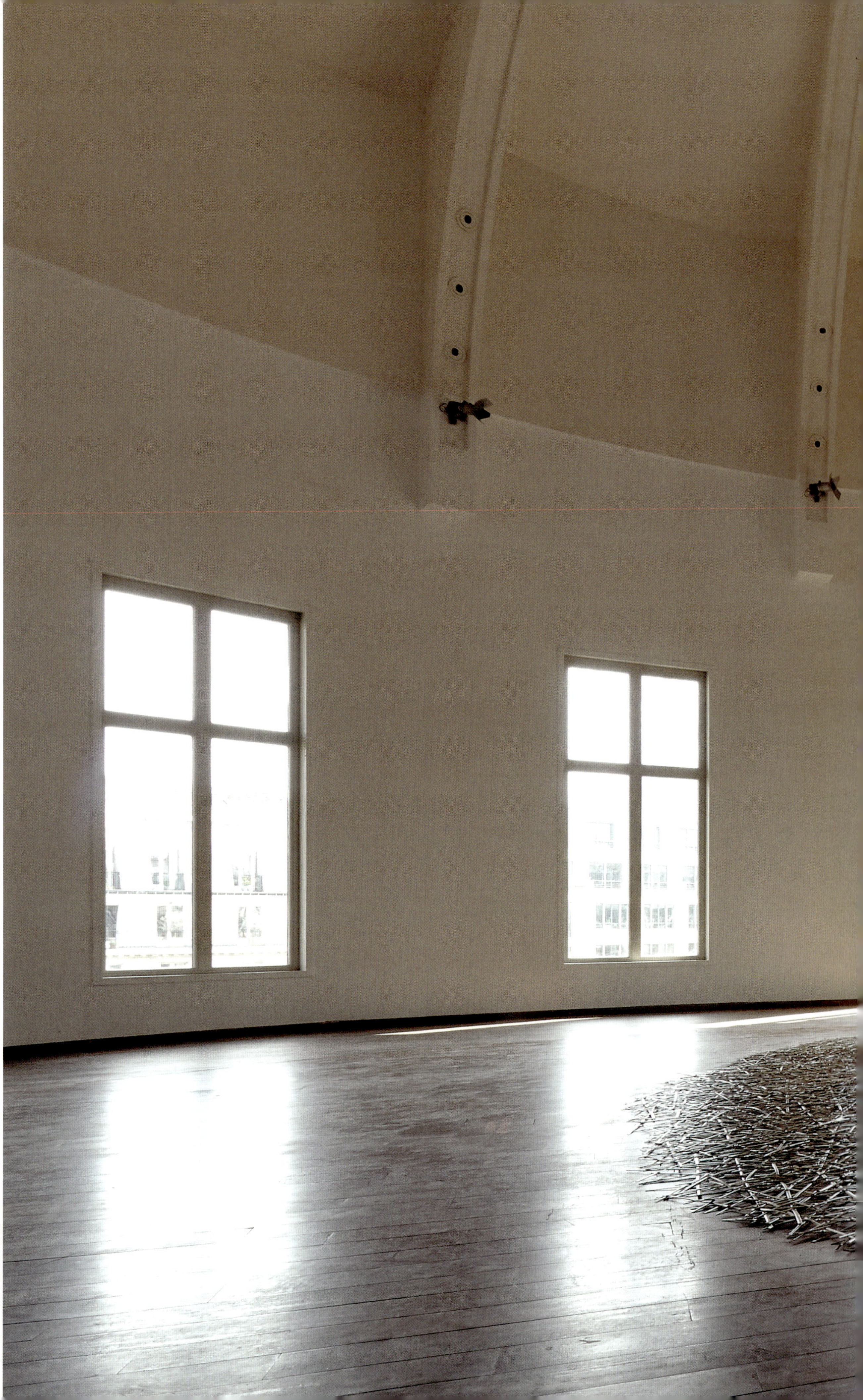

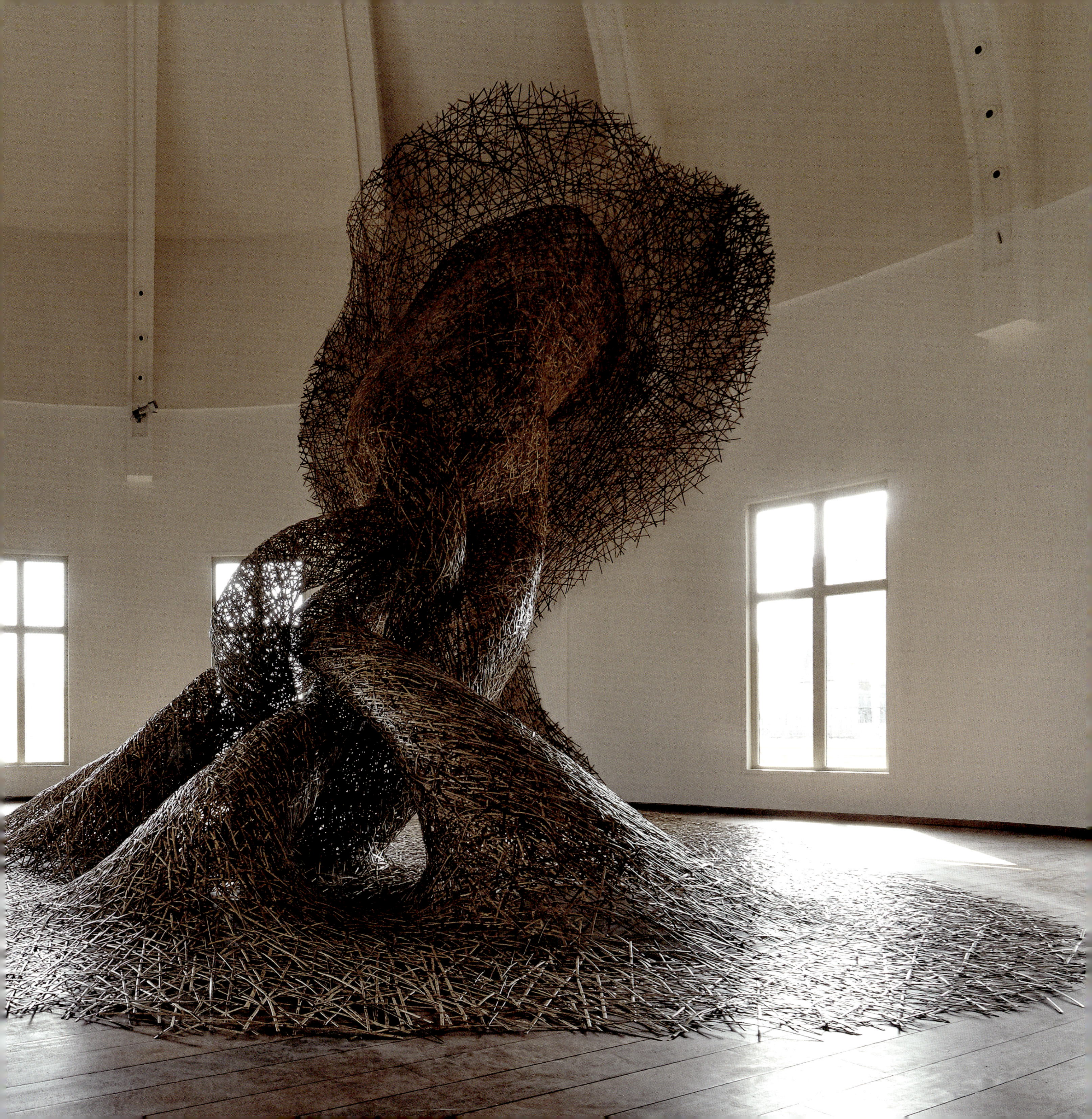

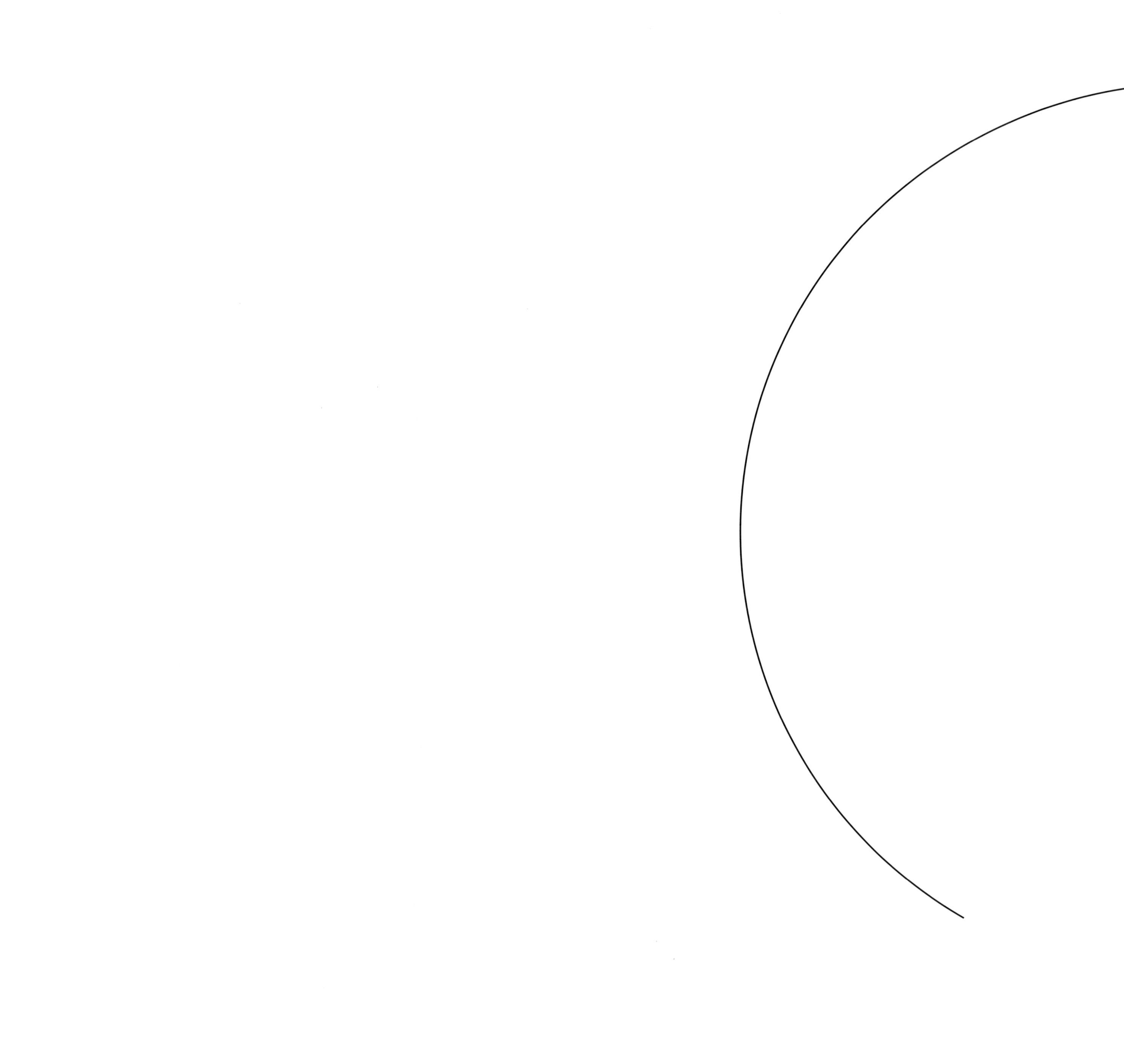

3:00pm

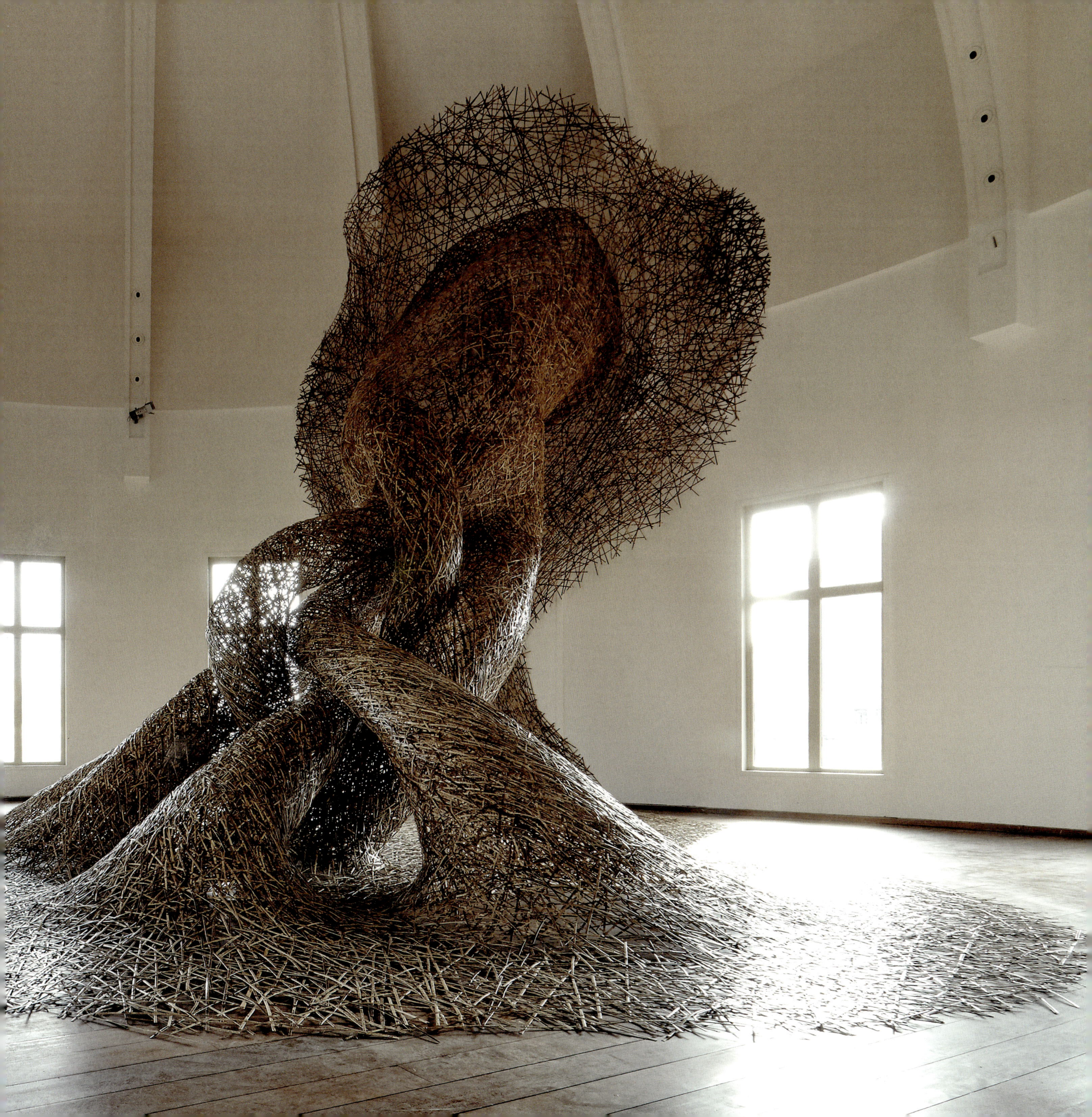

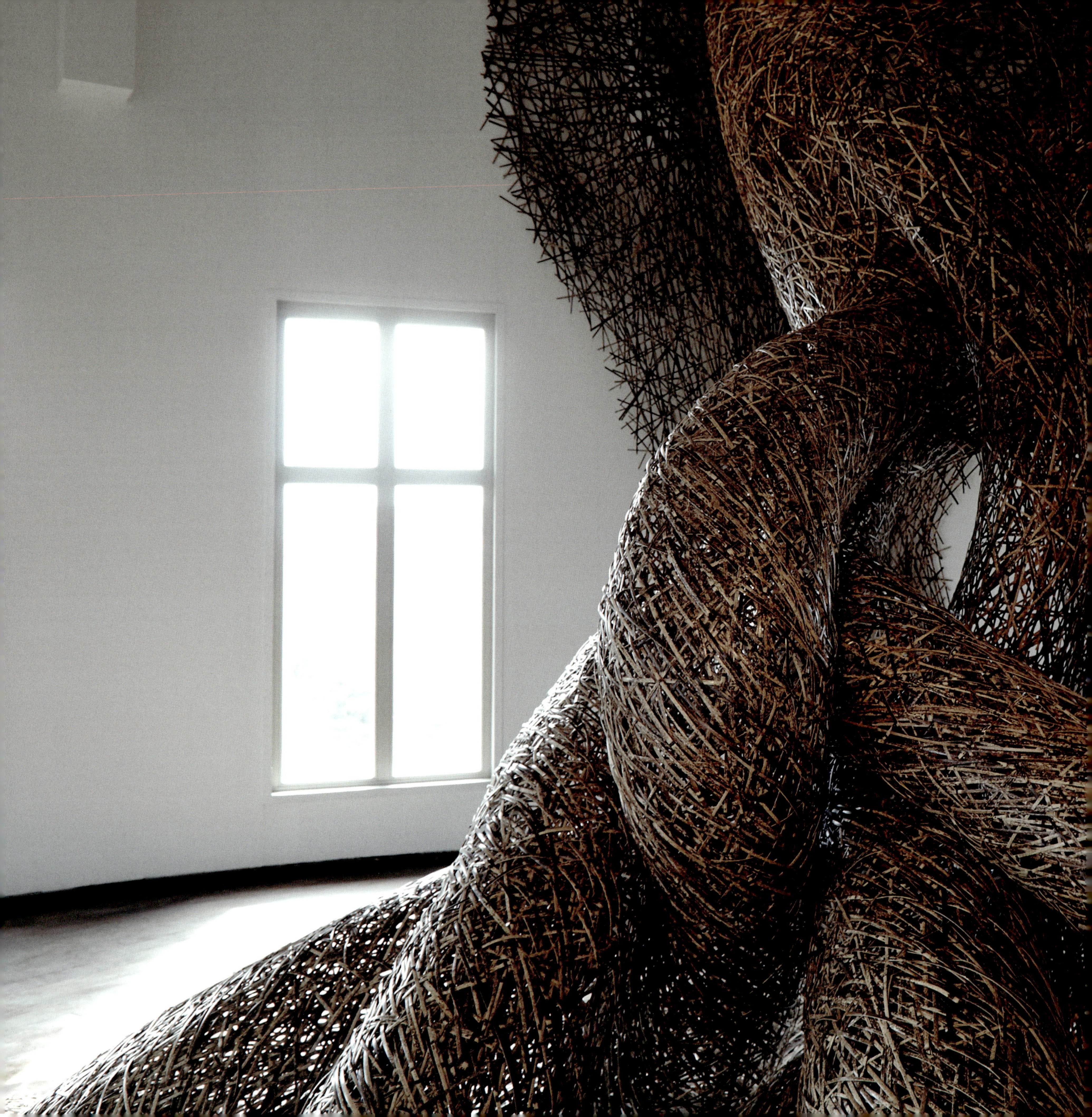

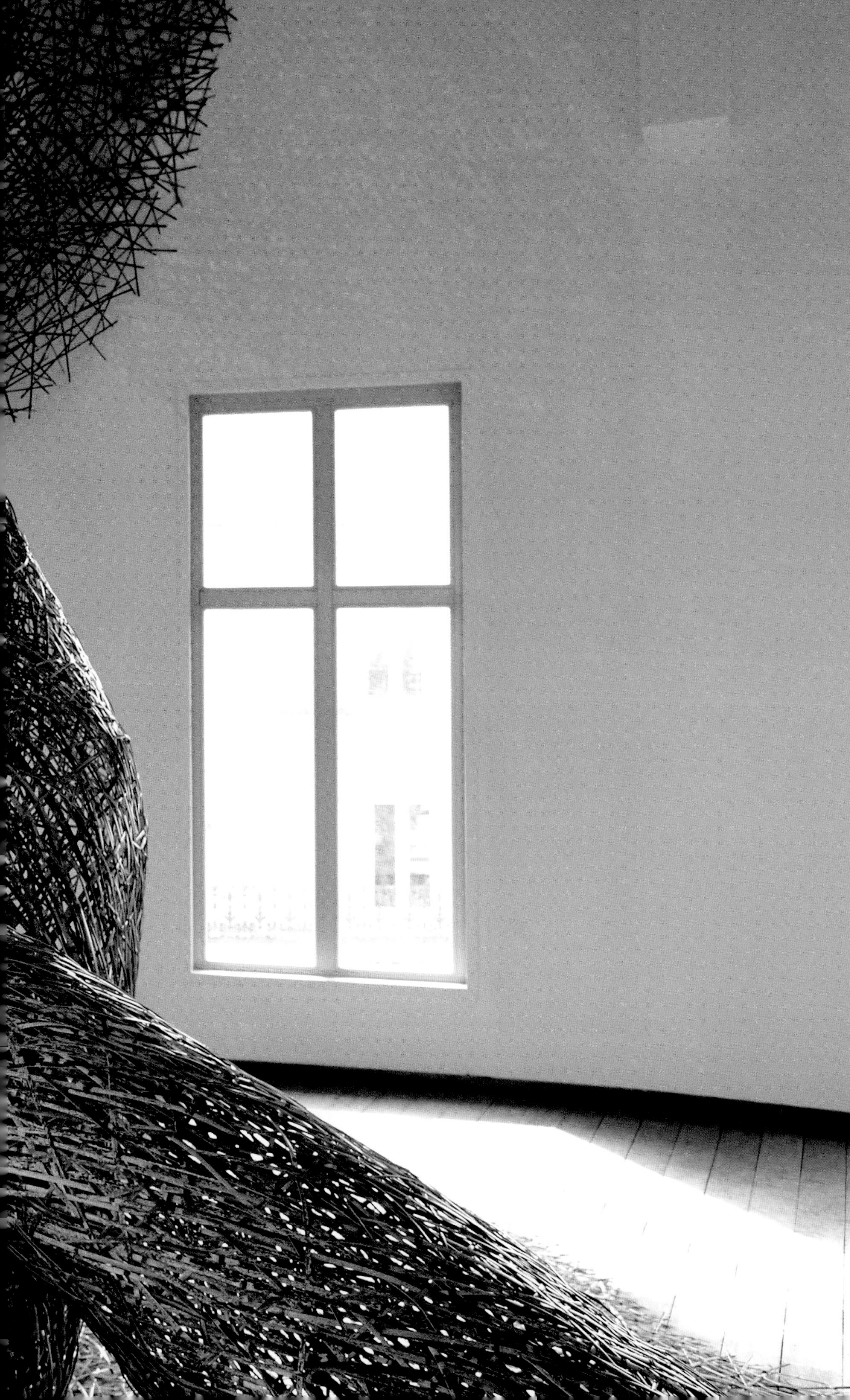

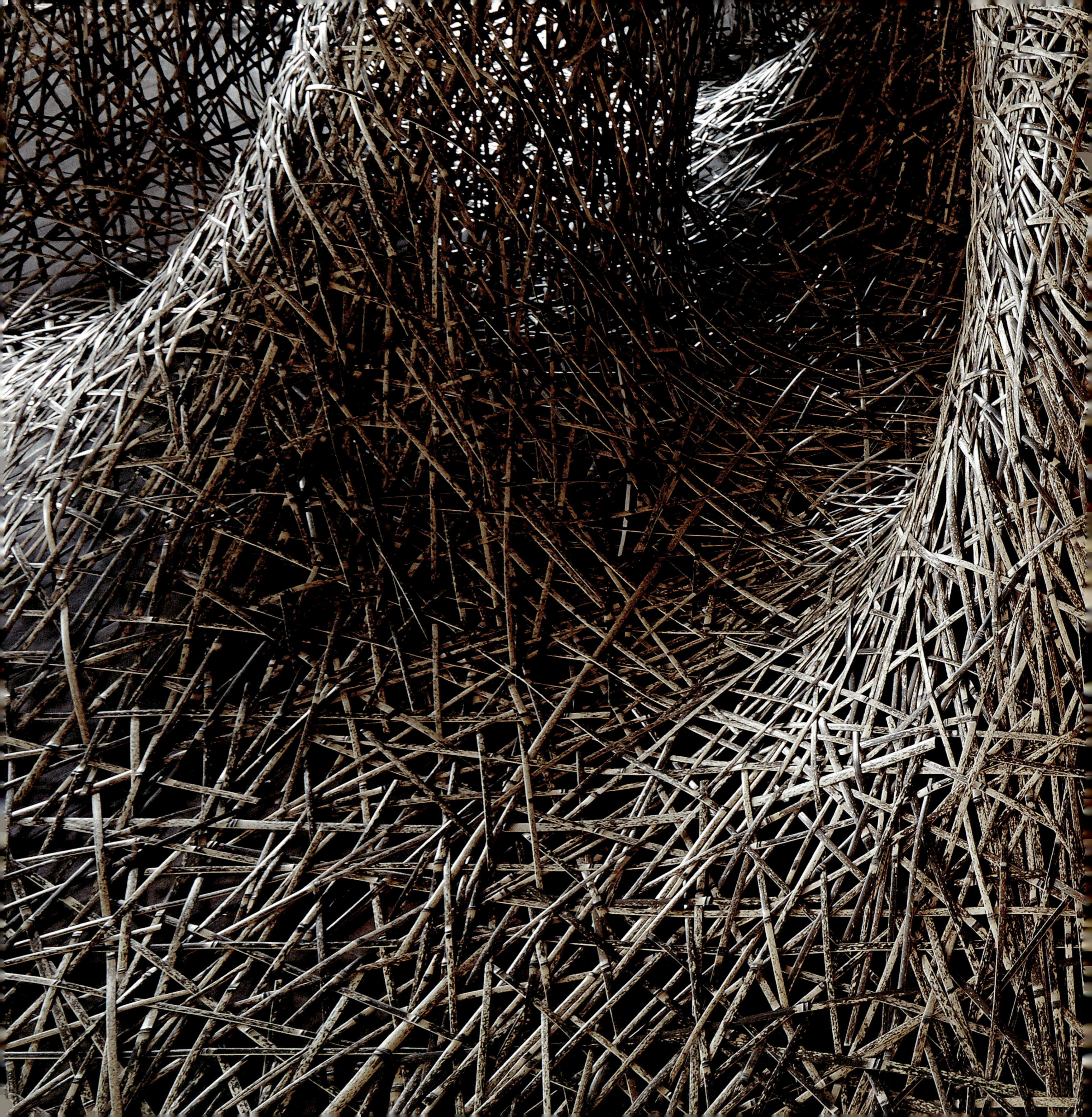

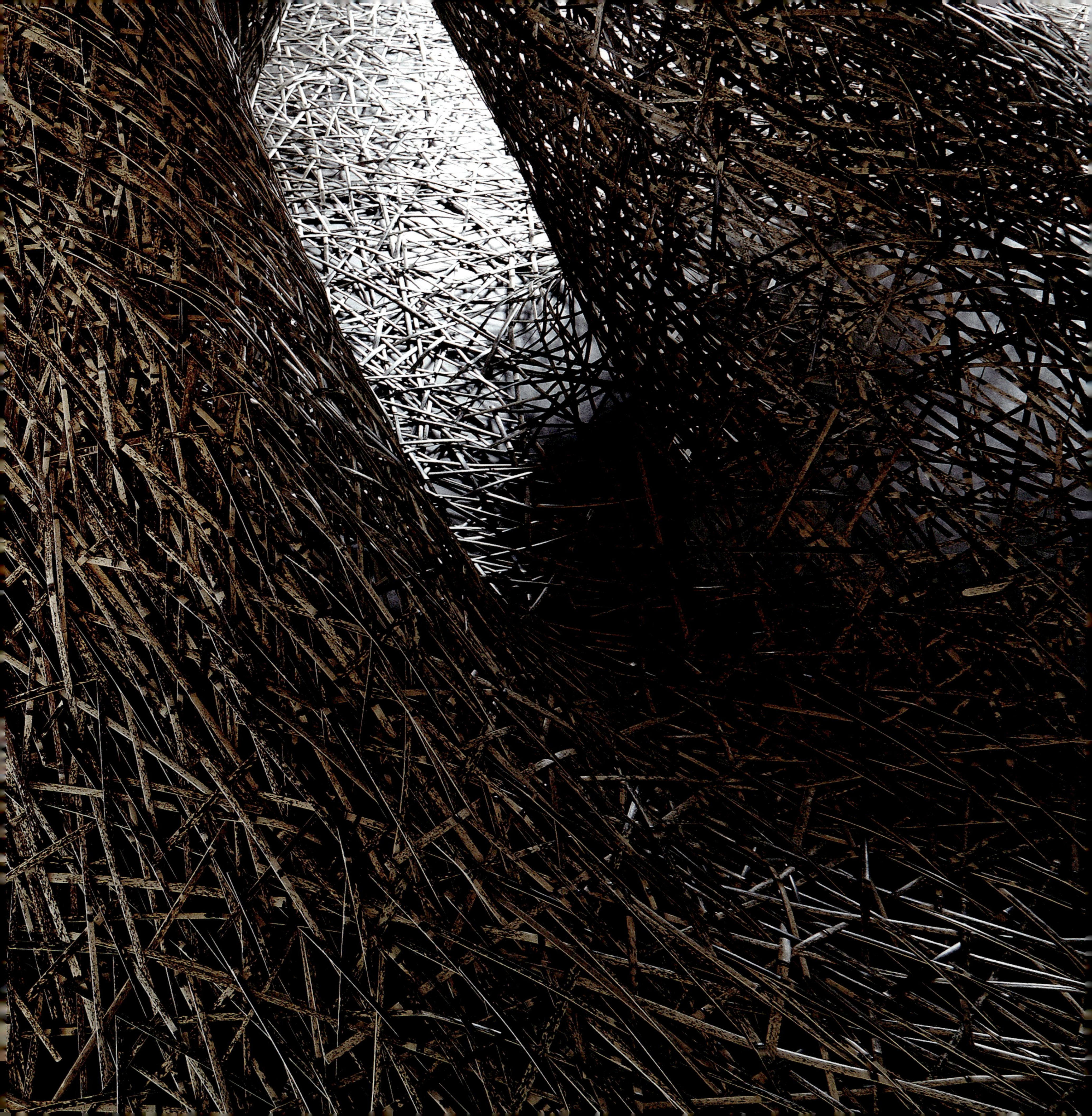

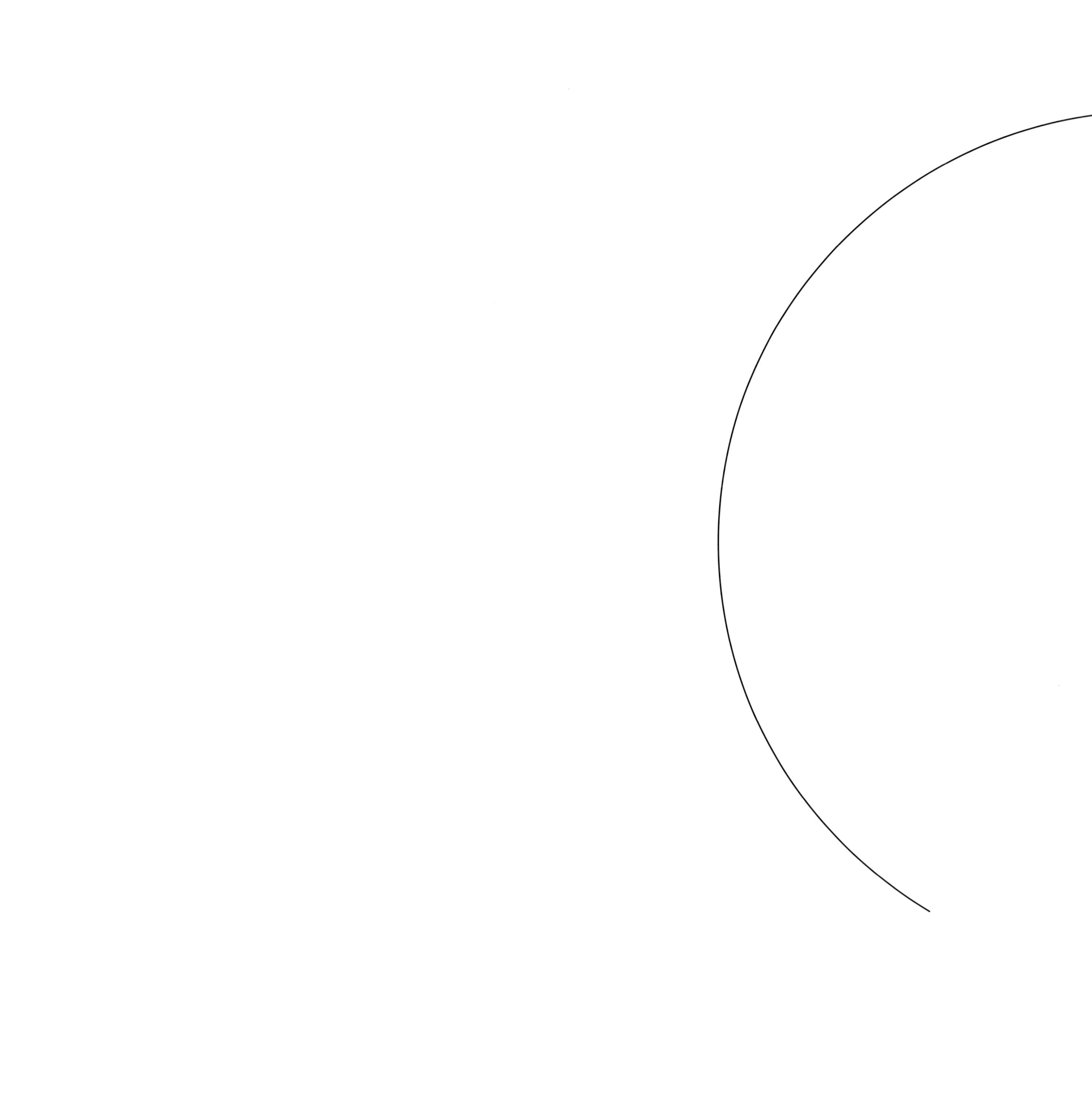

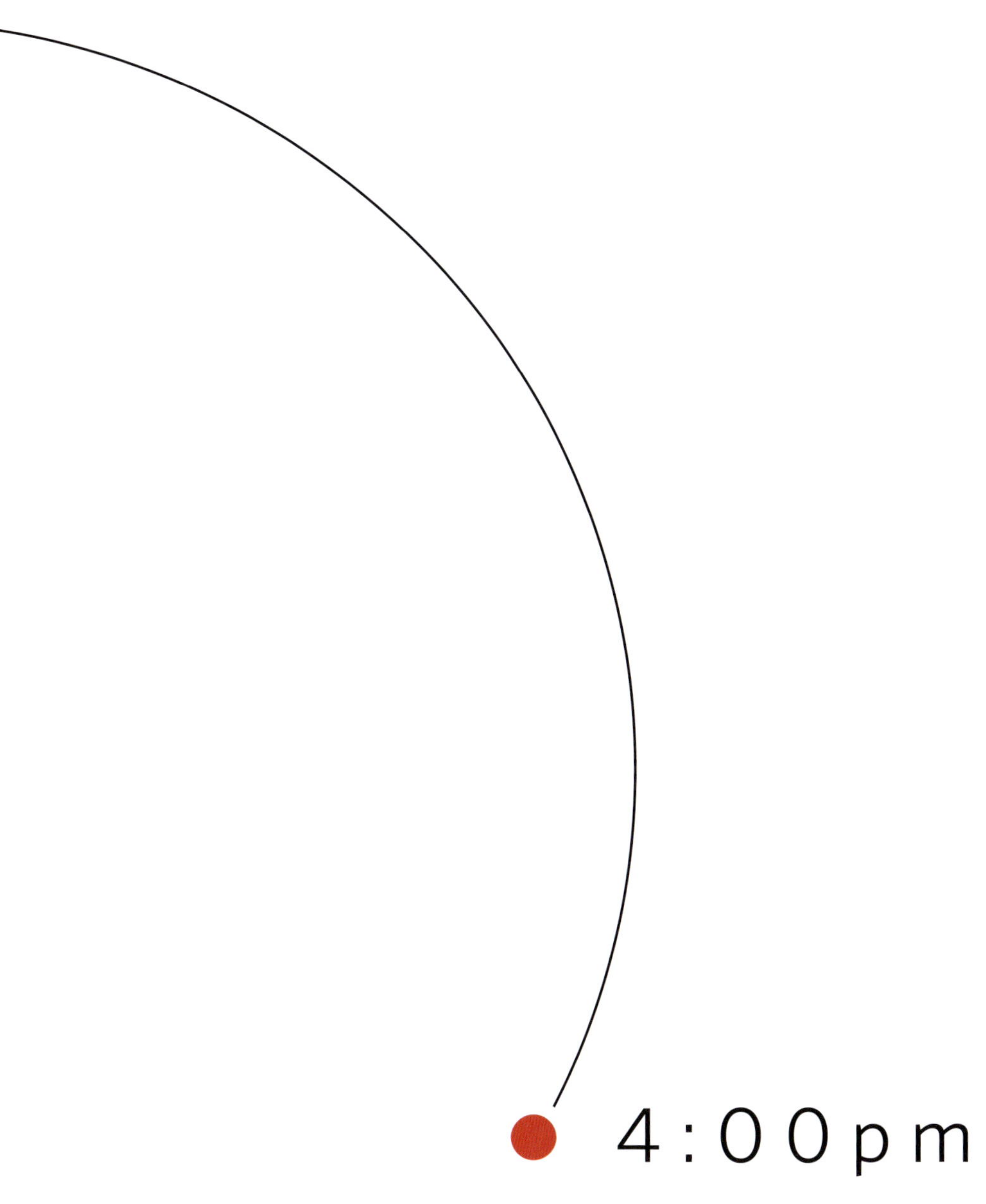
4:00pm

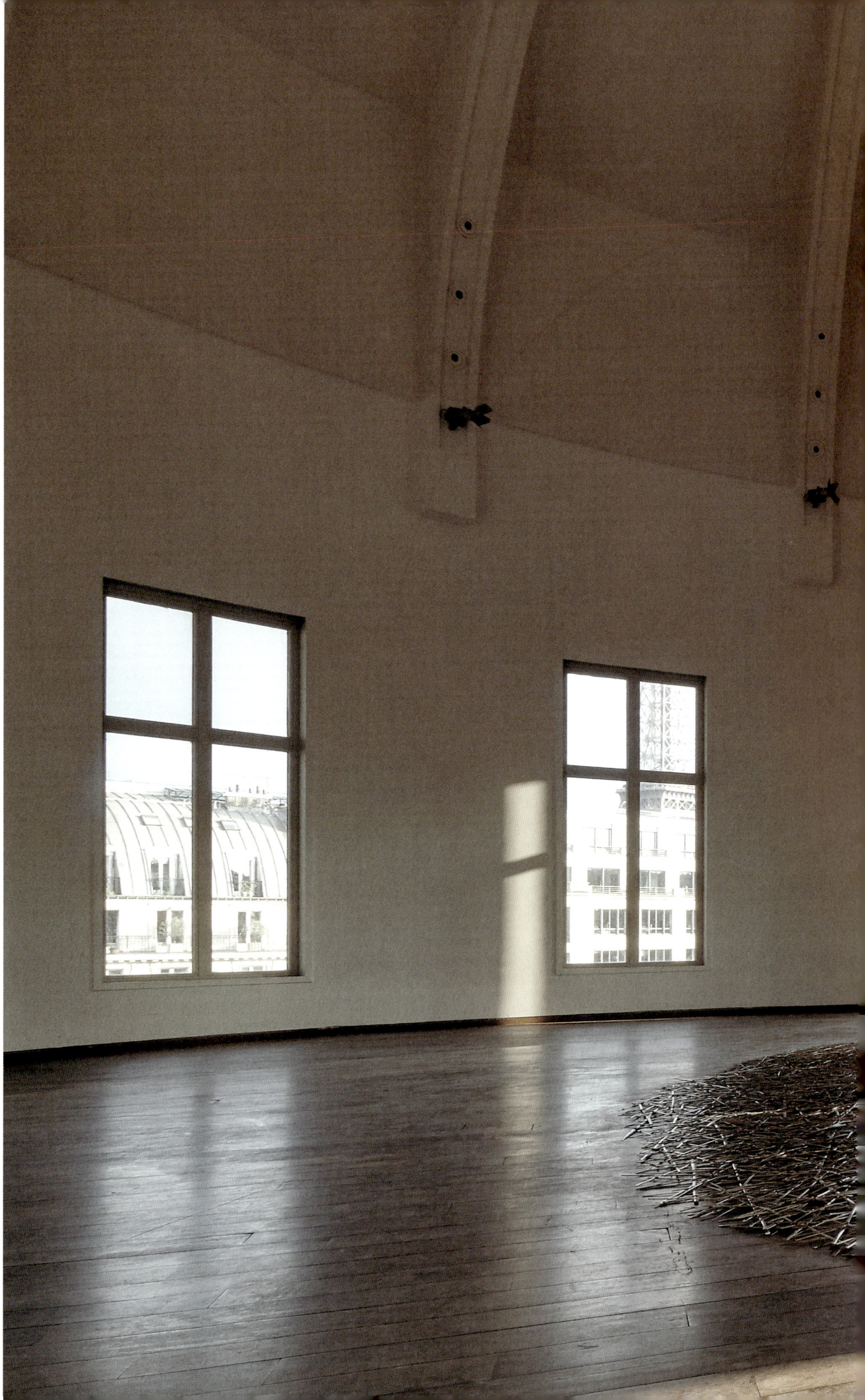

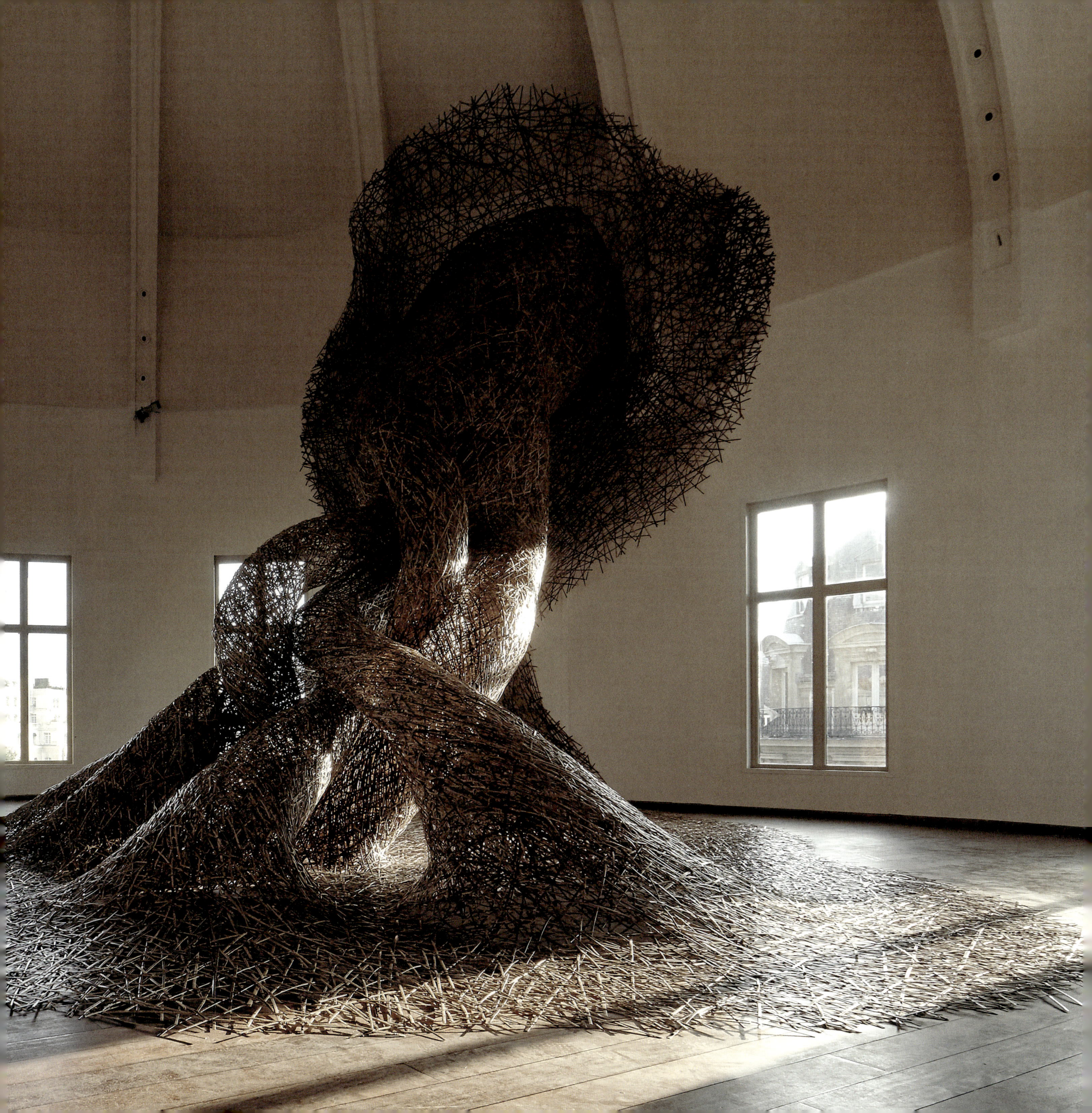

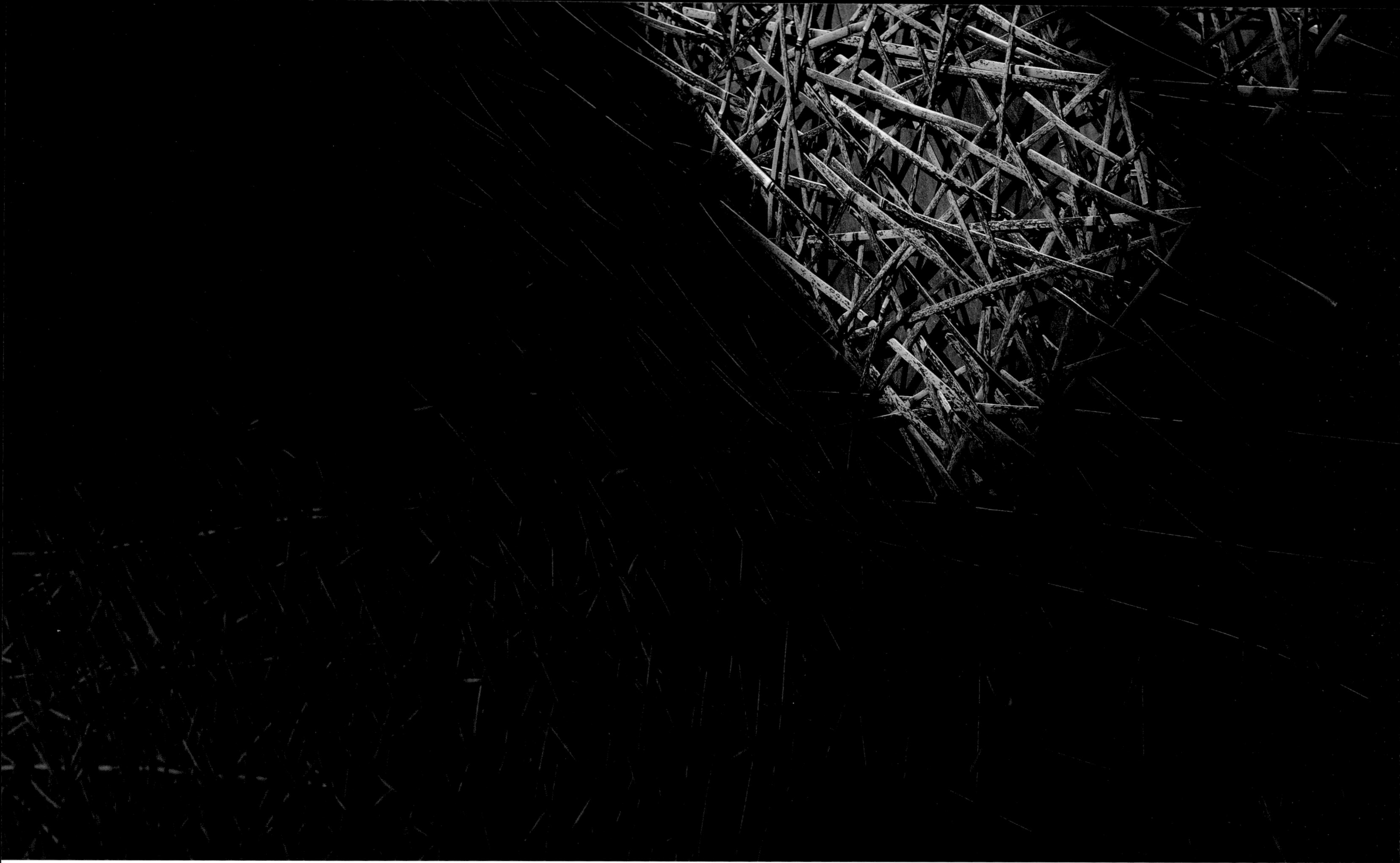

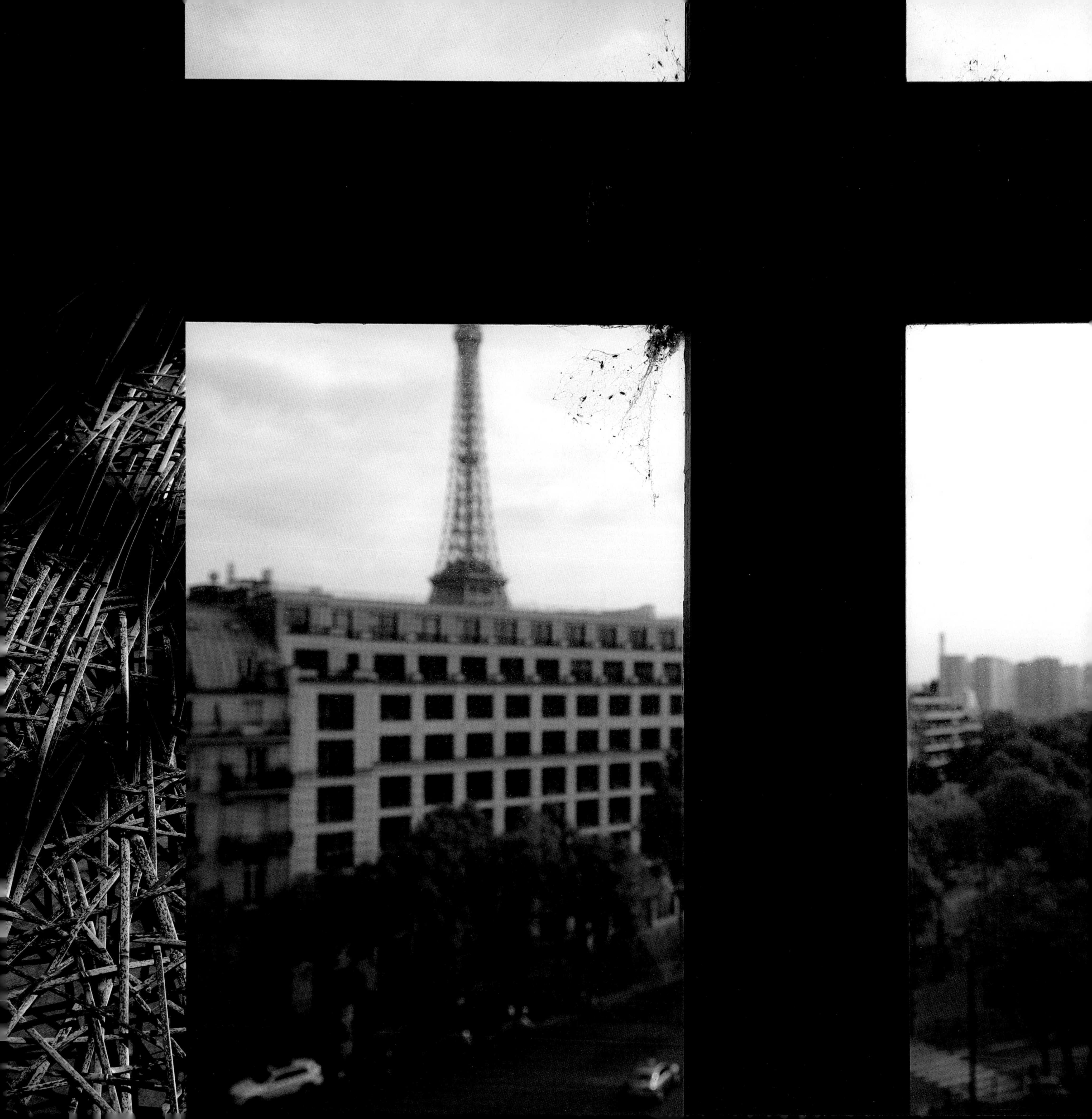

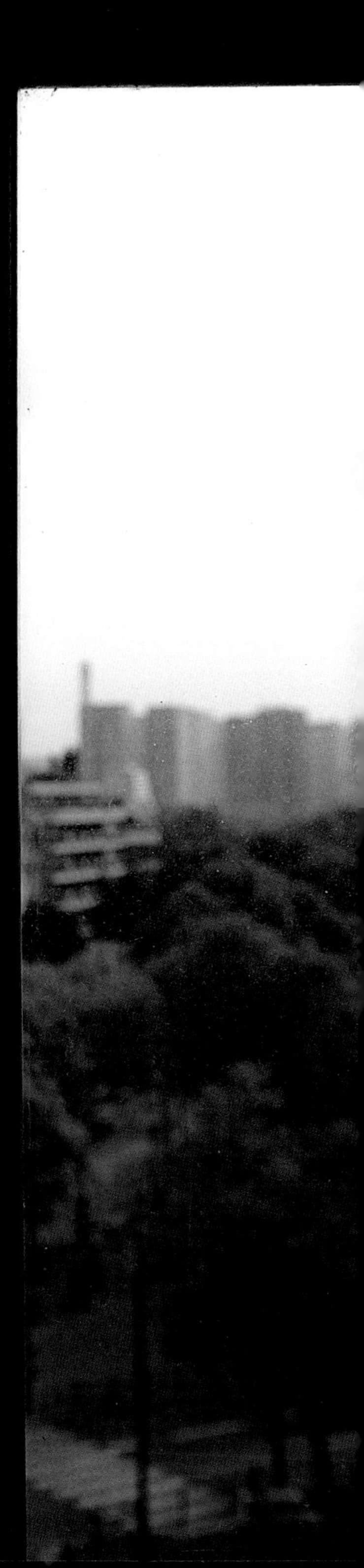

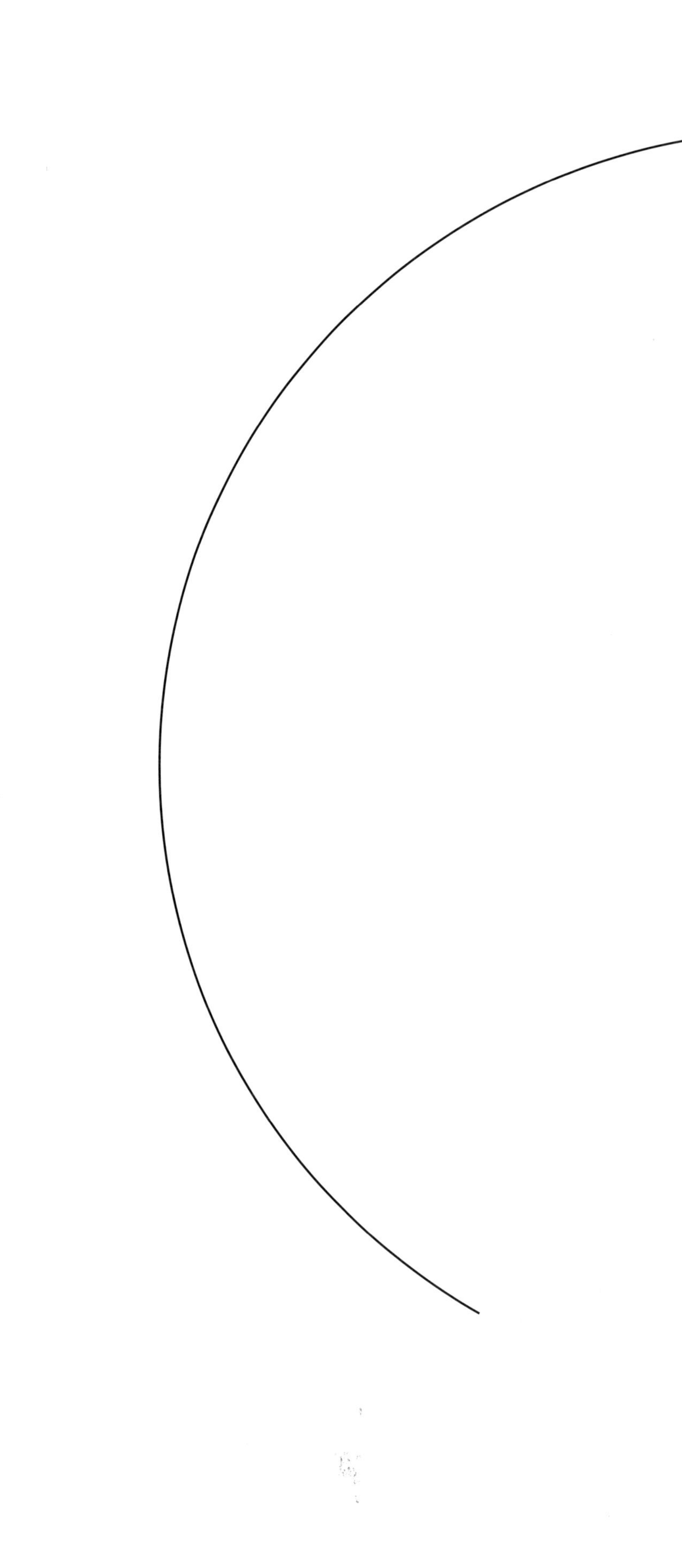

5:00pm

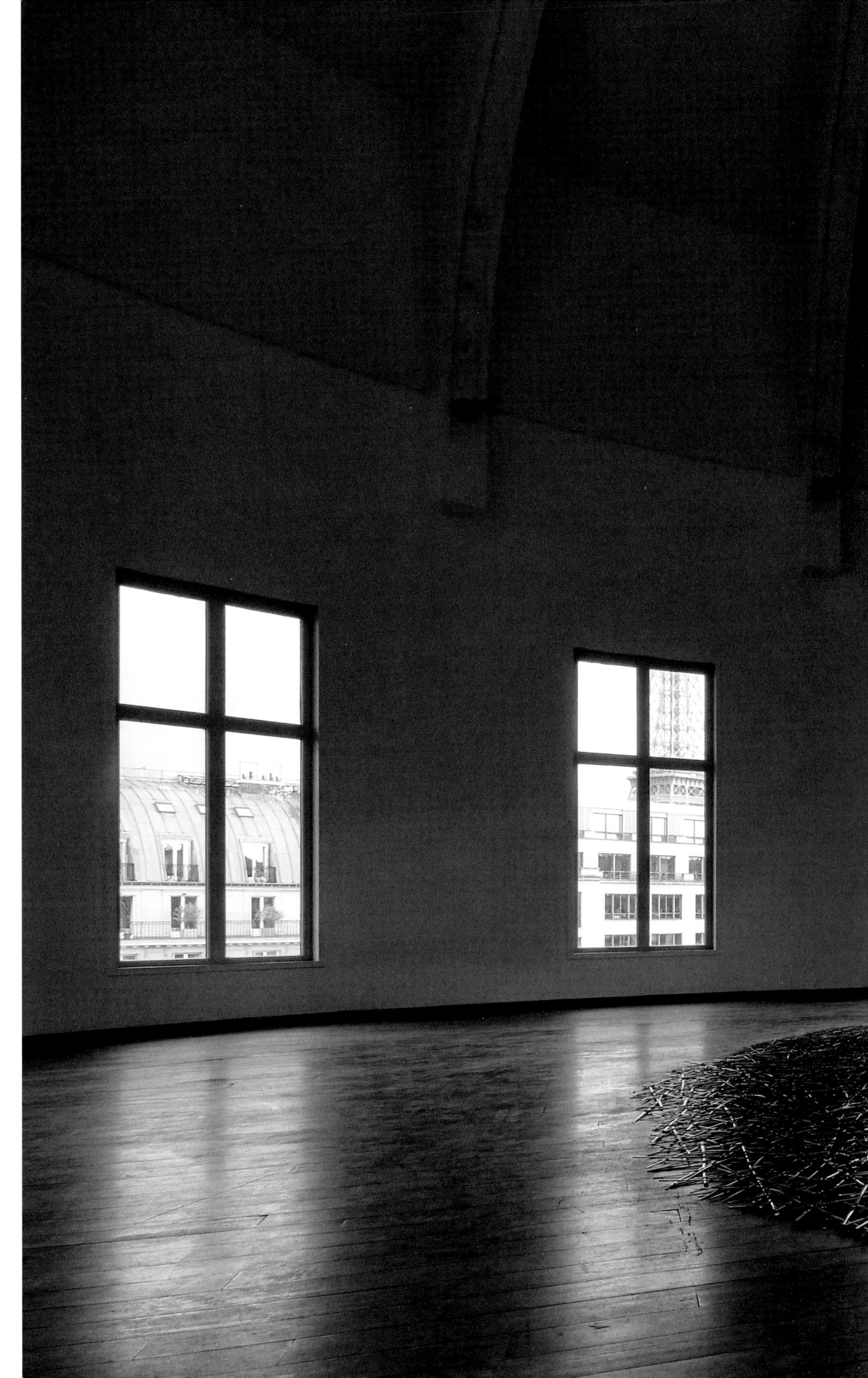

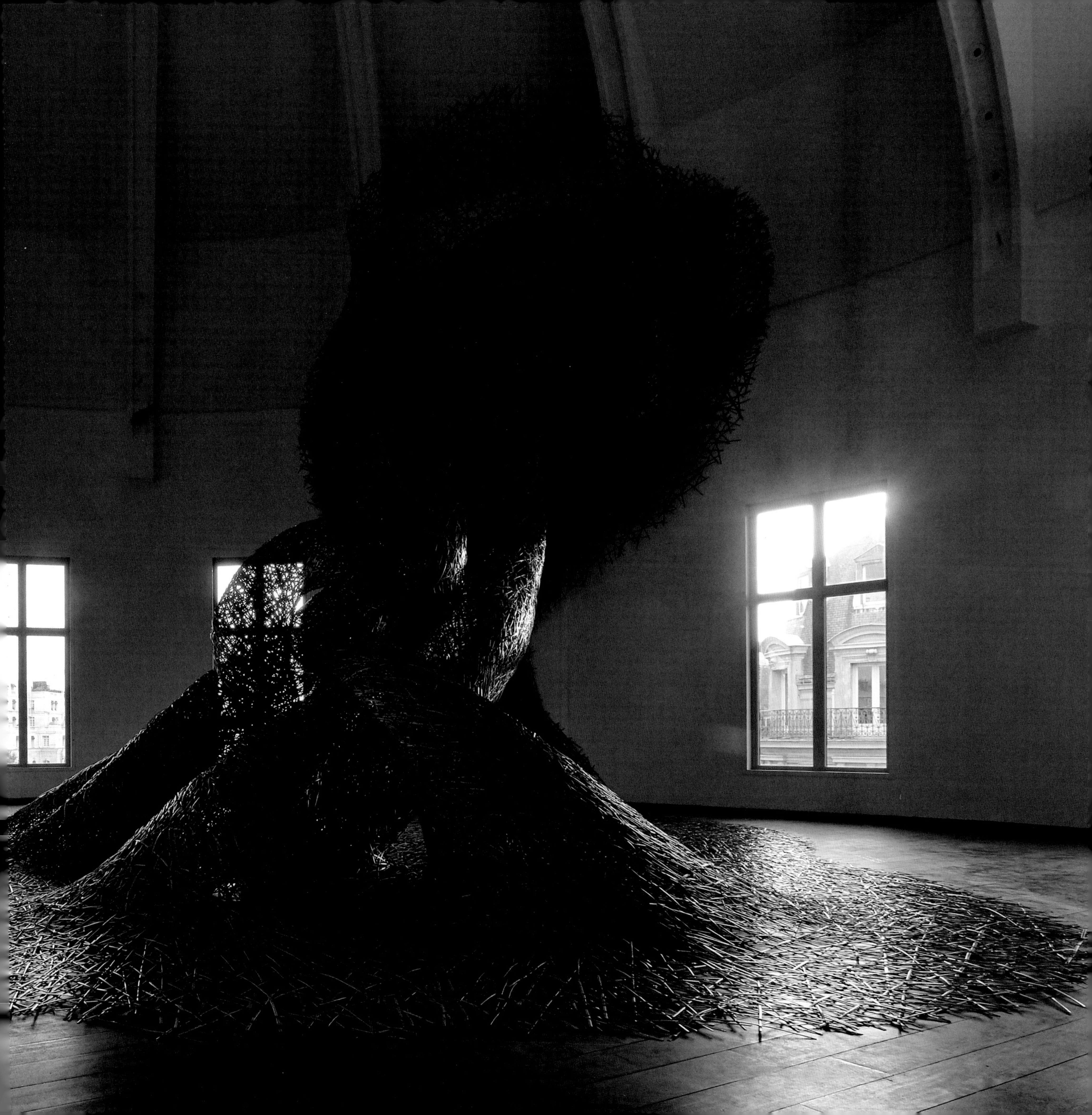

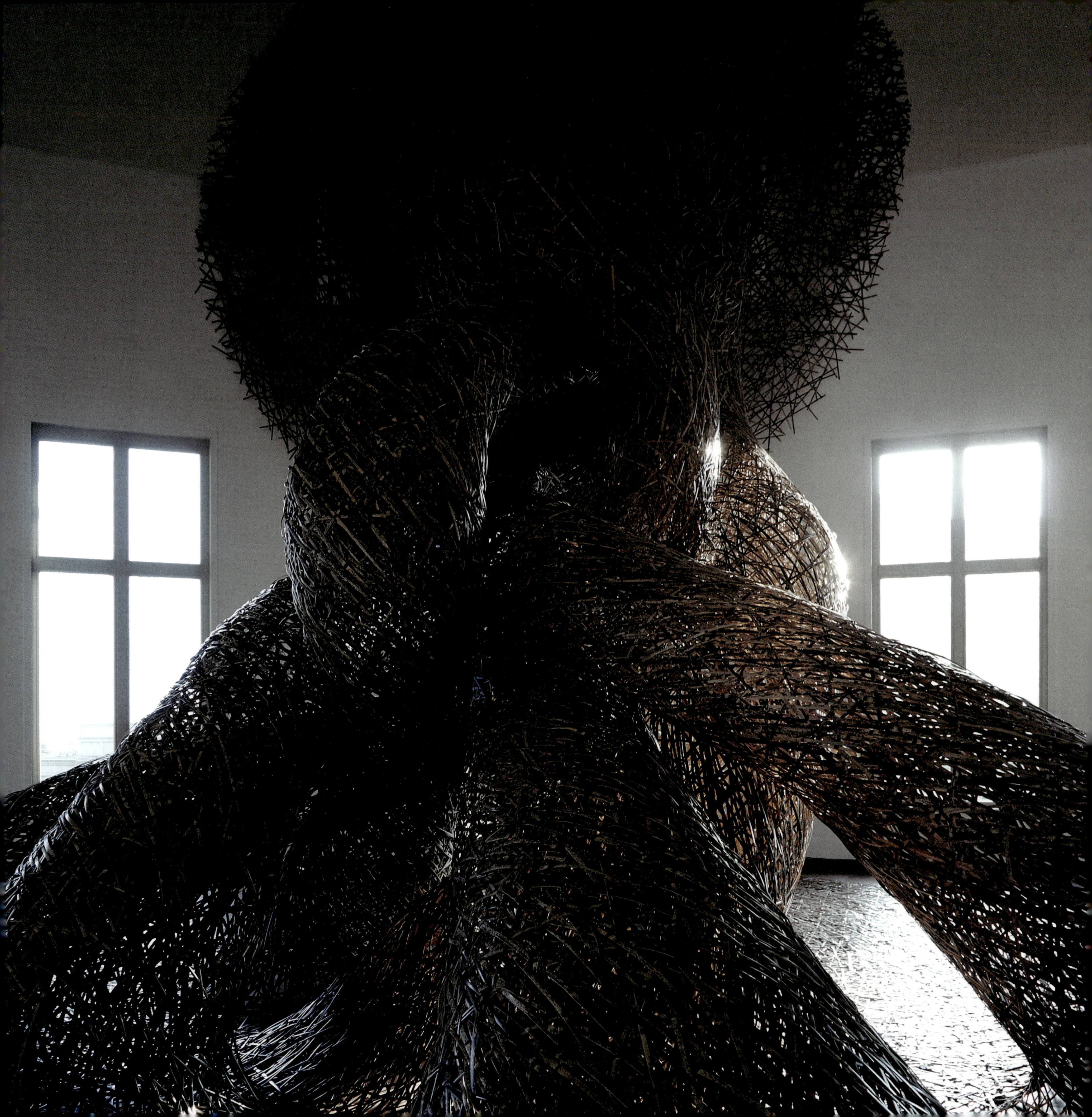

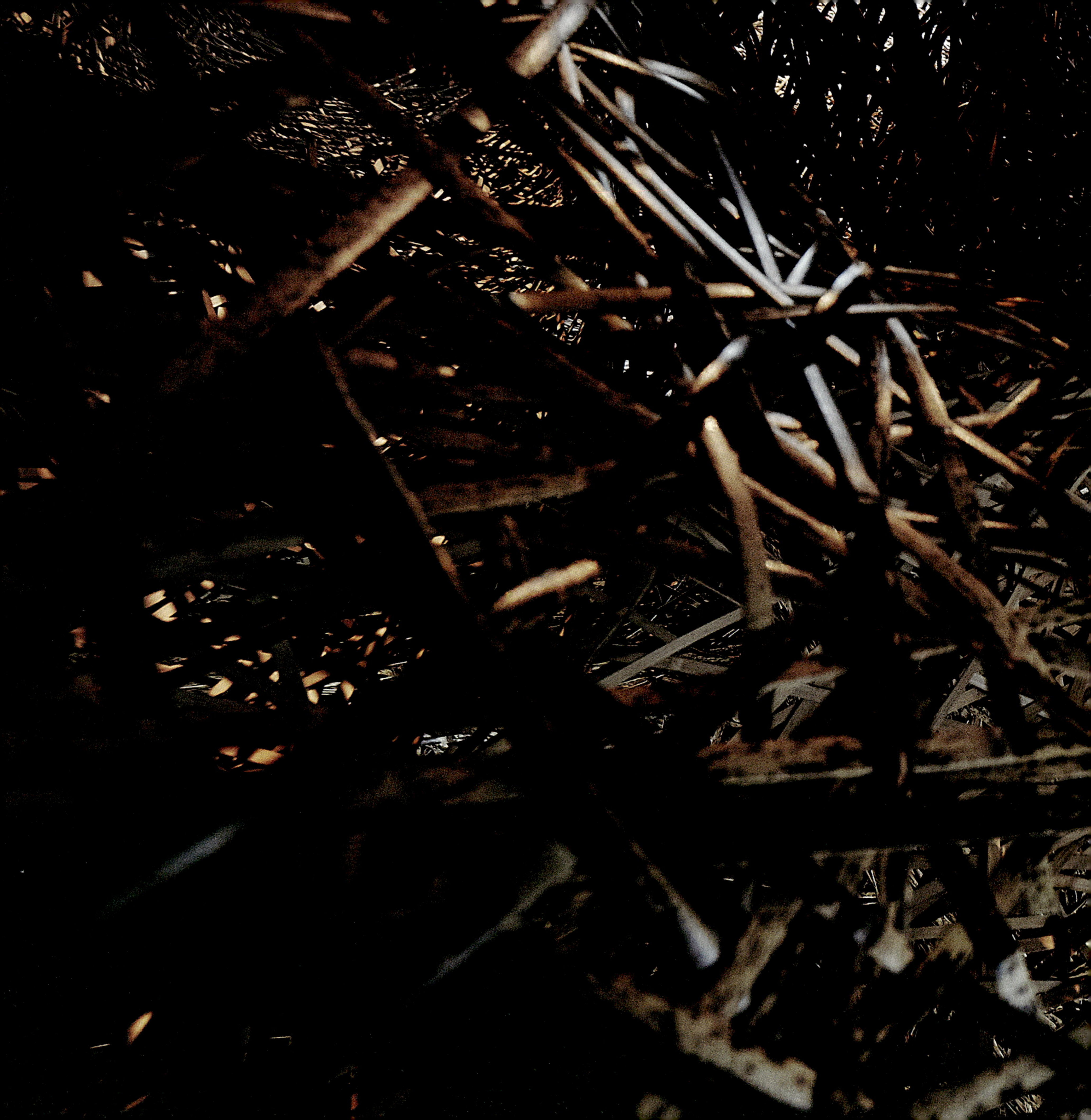

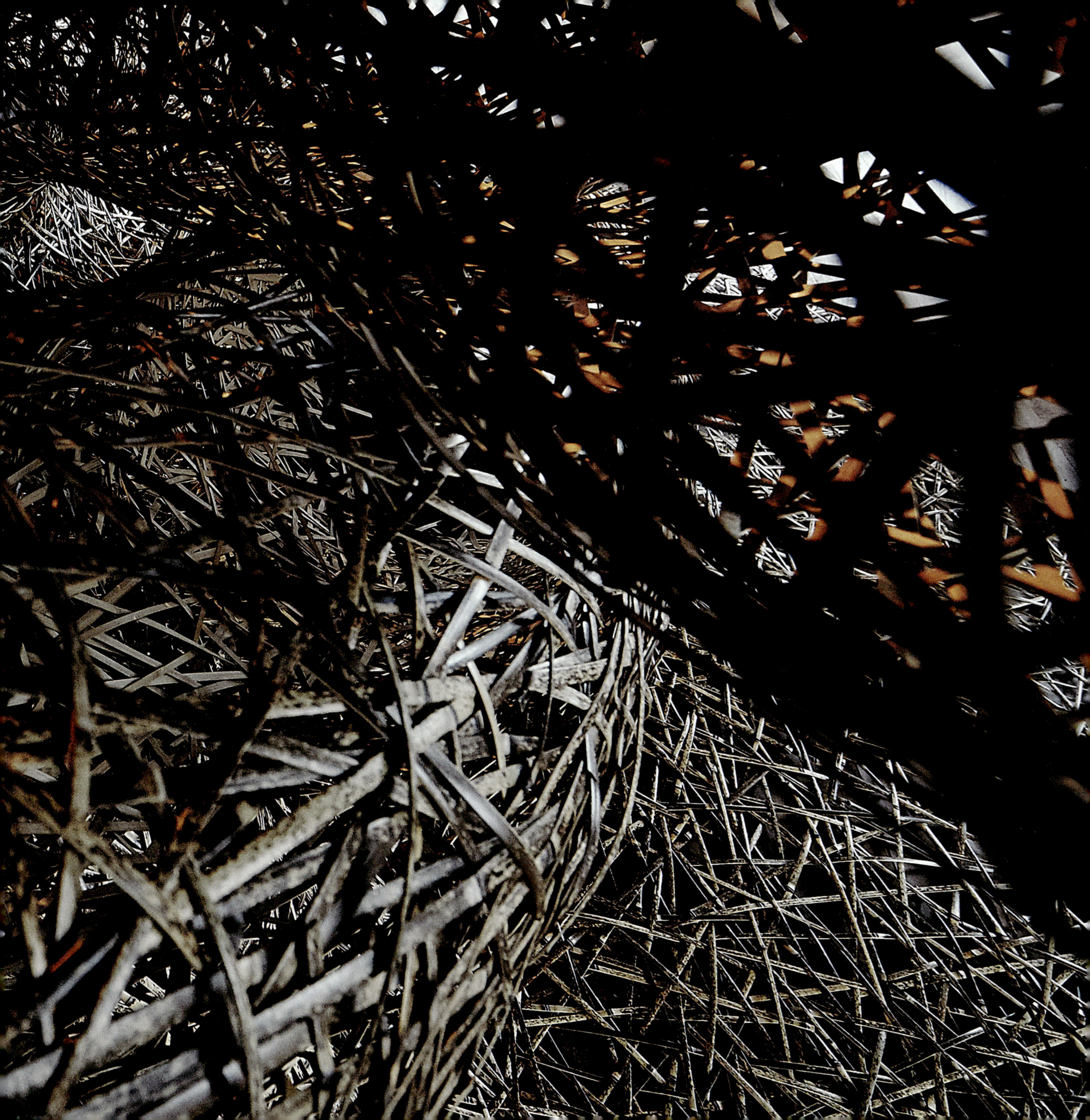

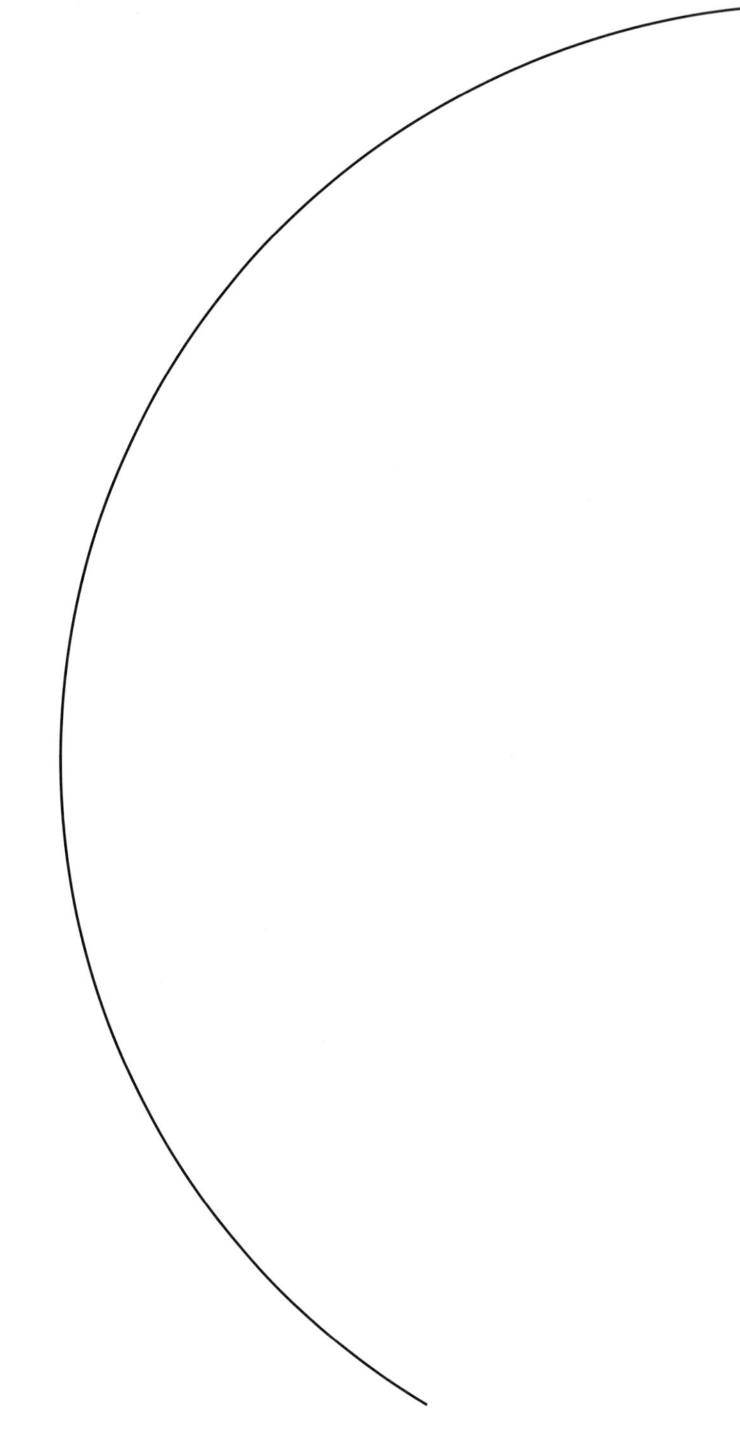

6:00pm

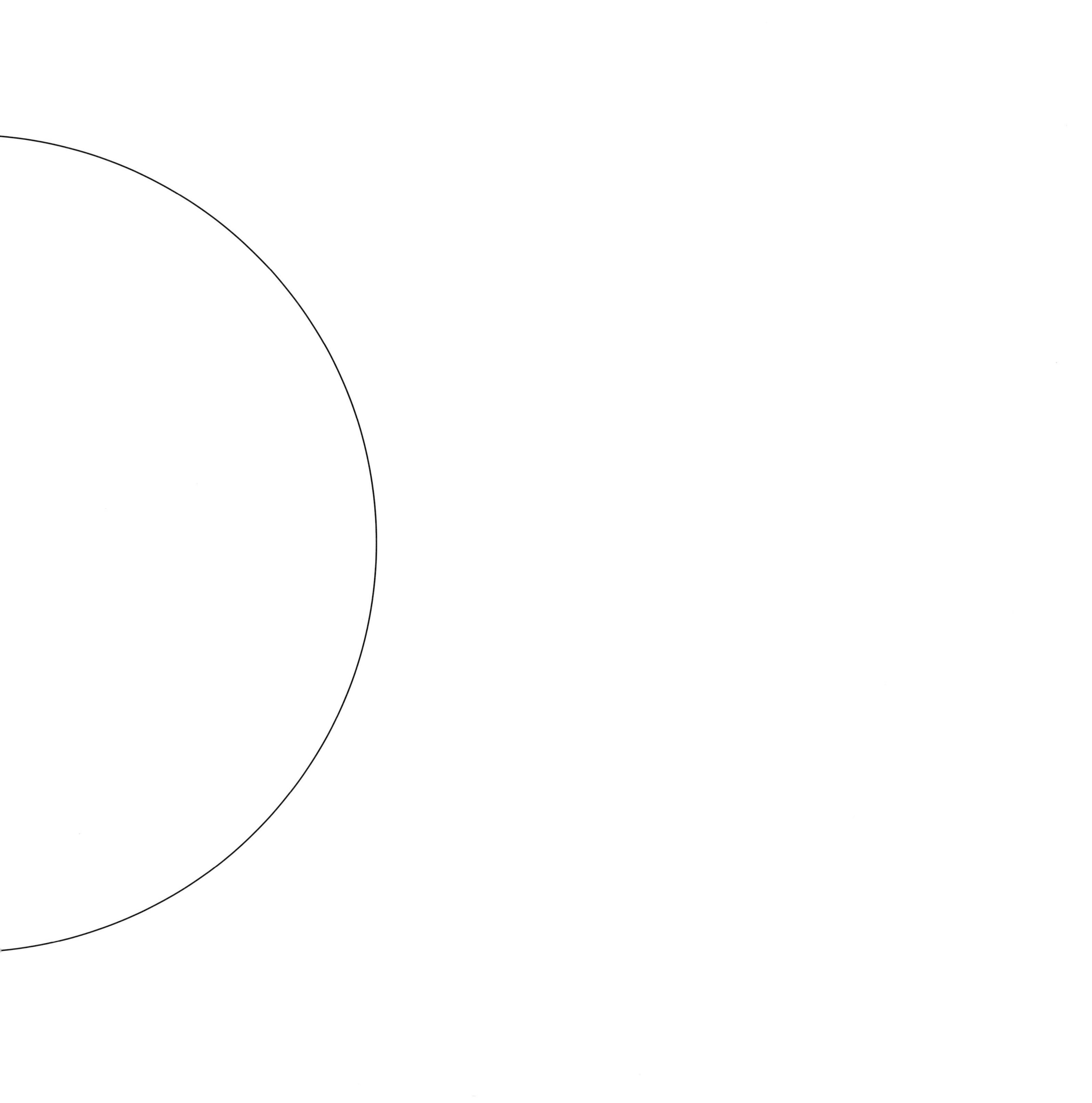

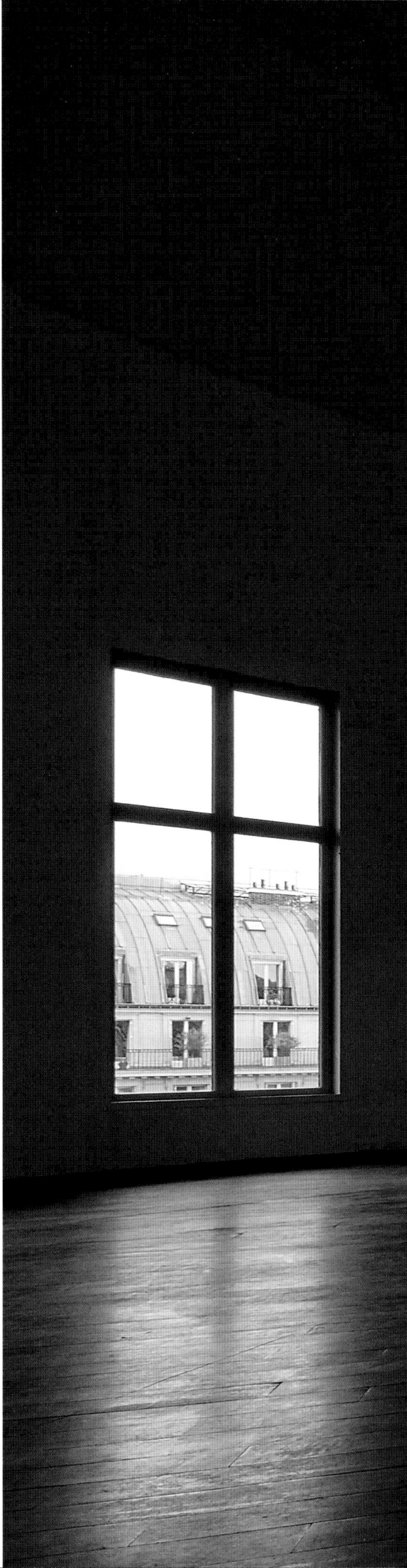

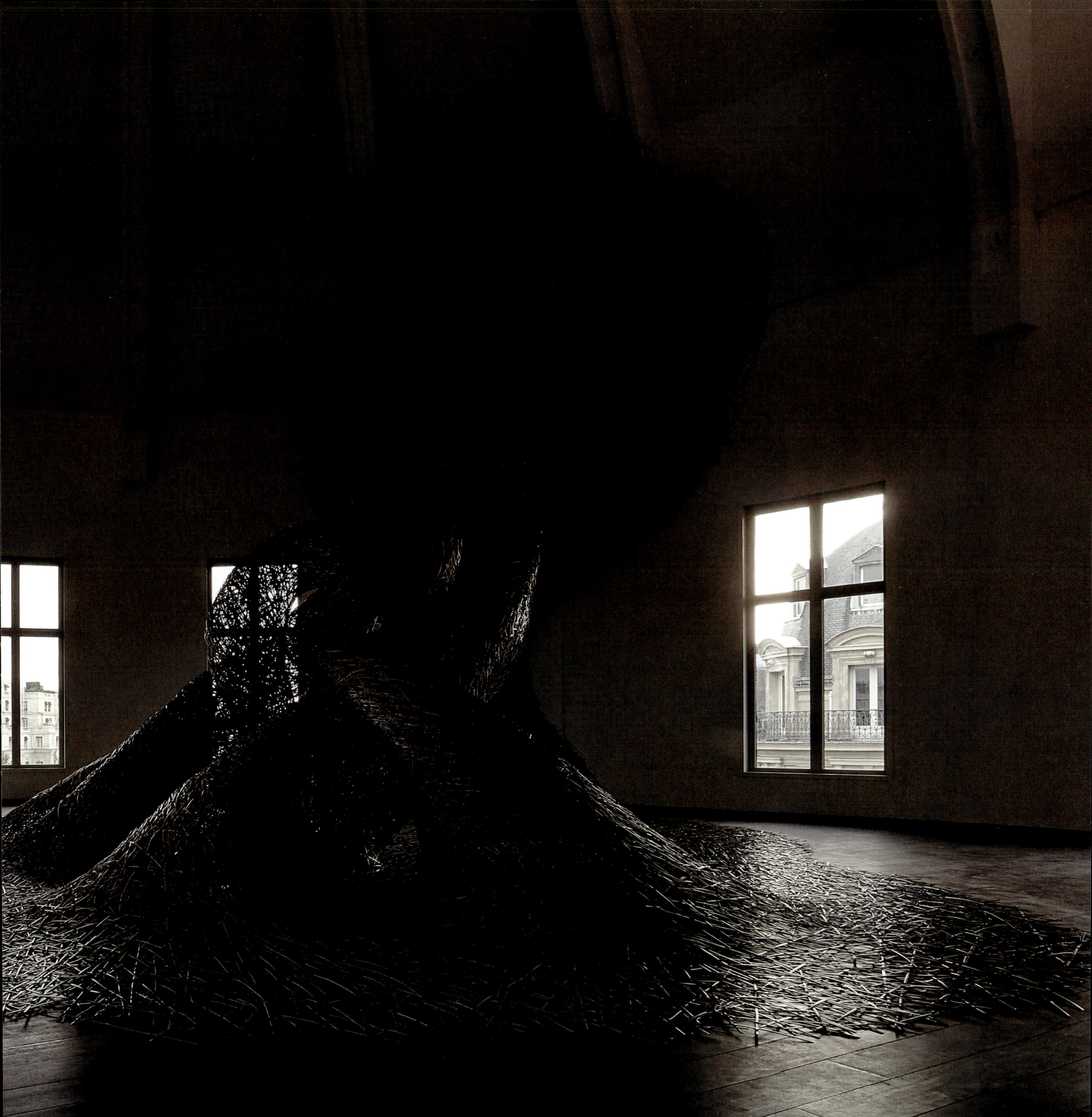

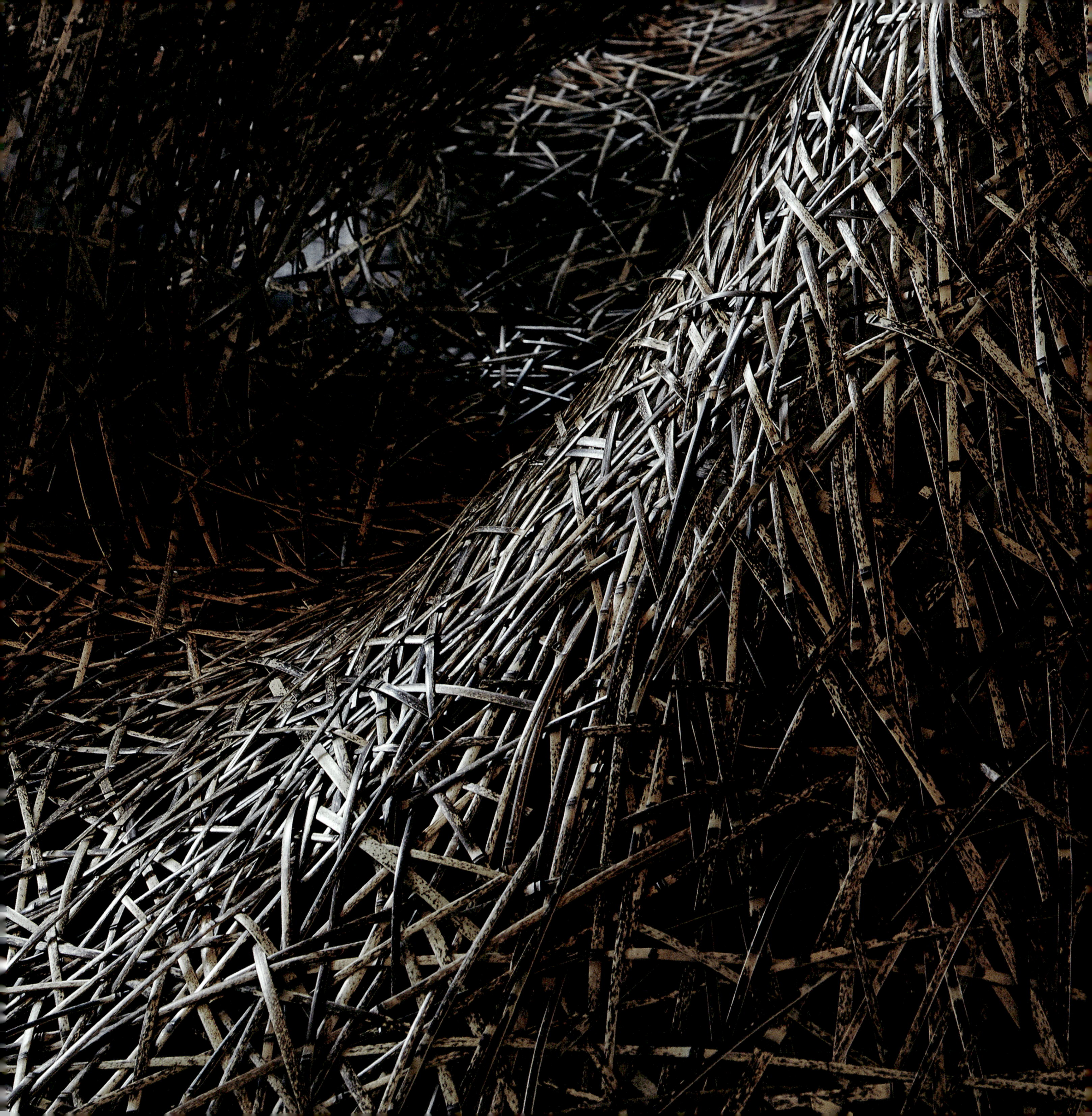

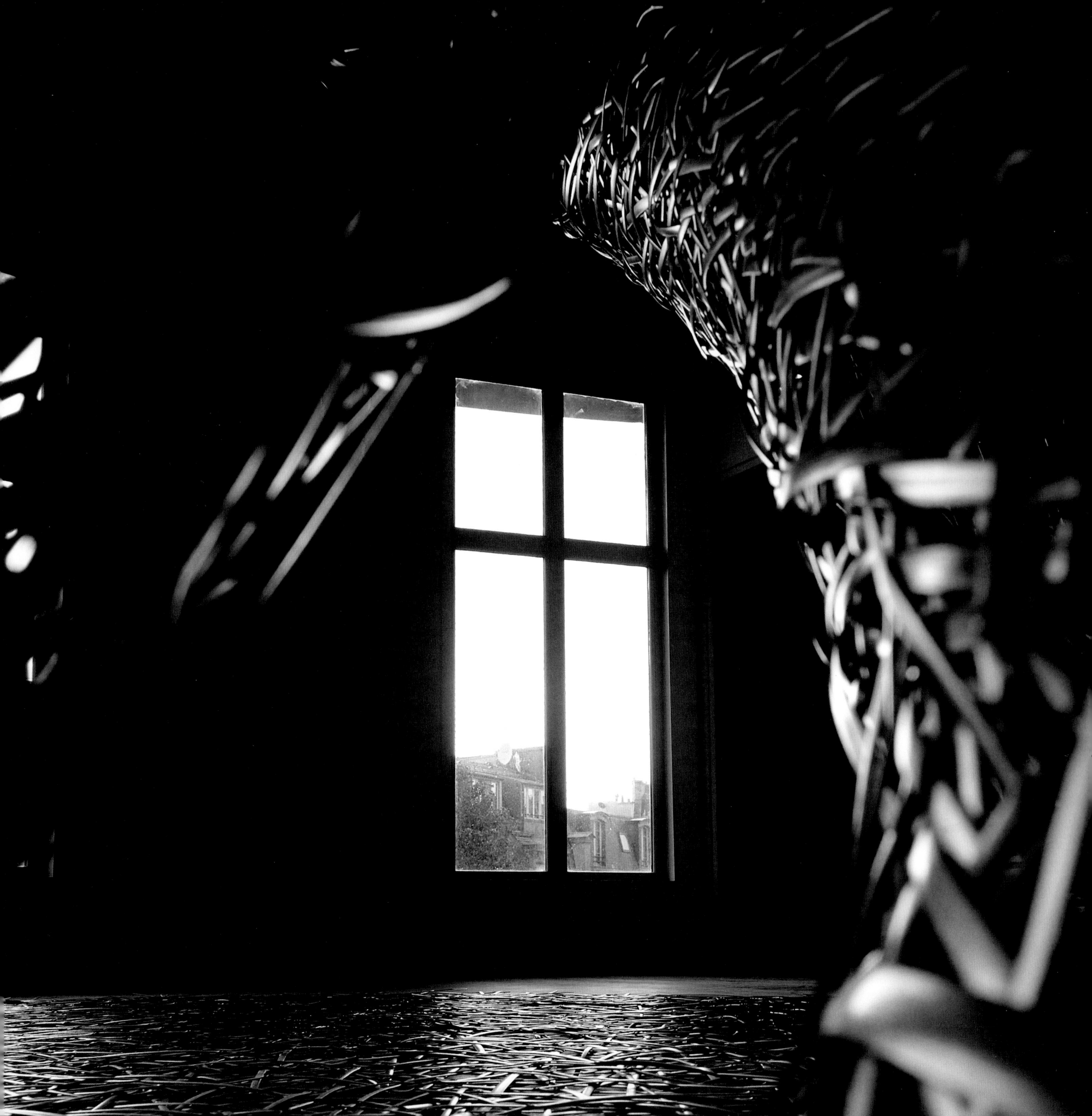

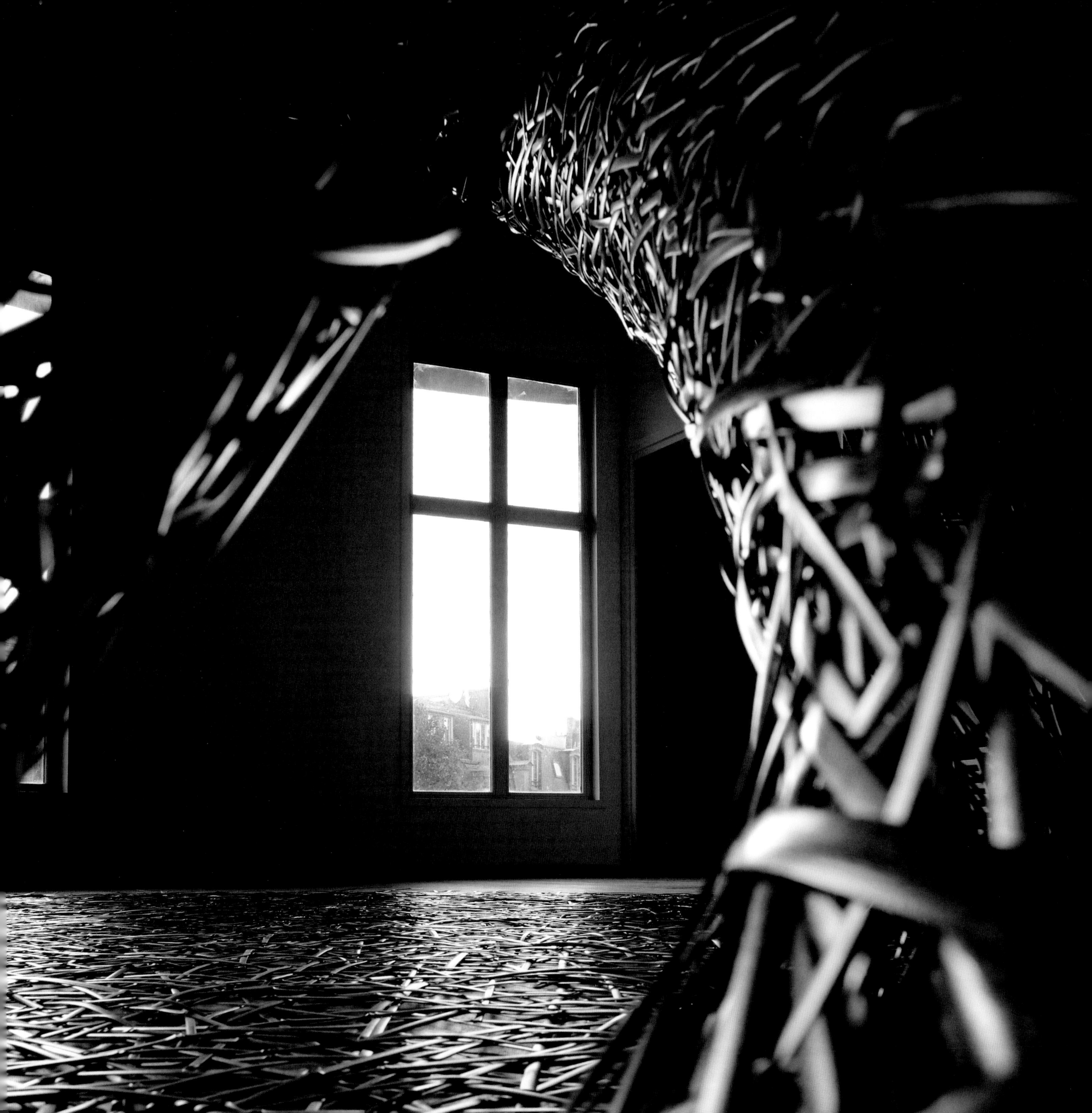

7:00pm

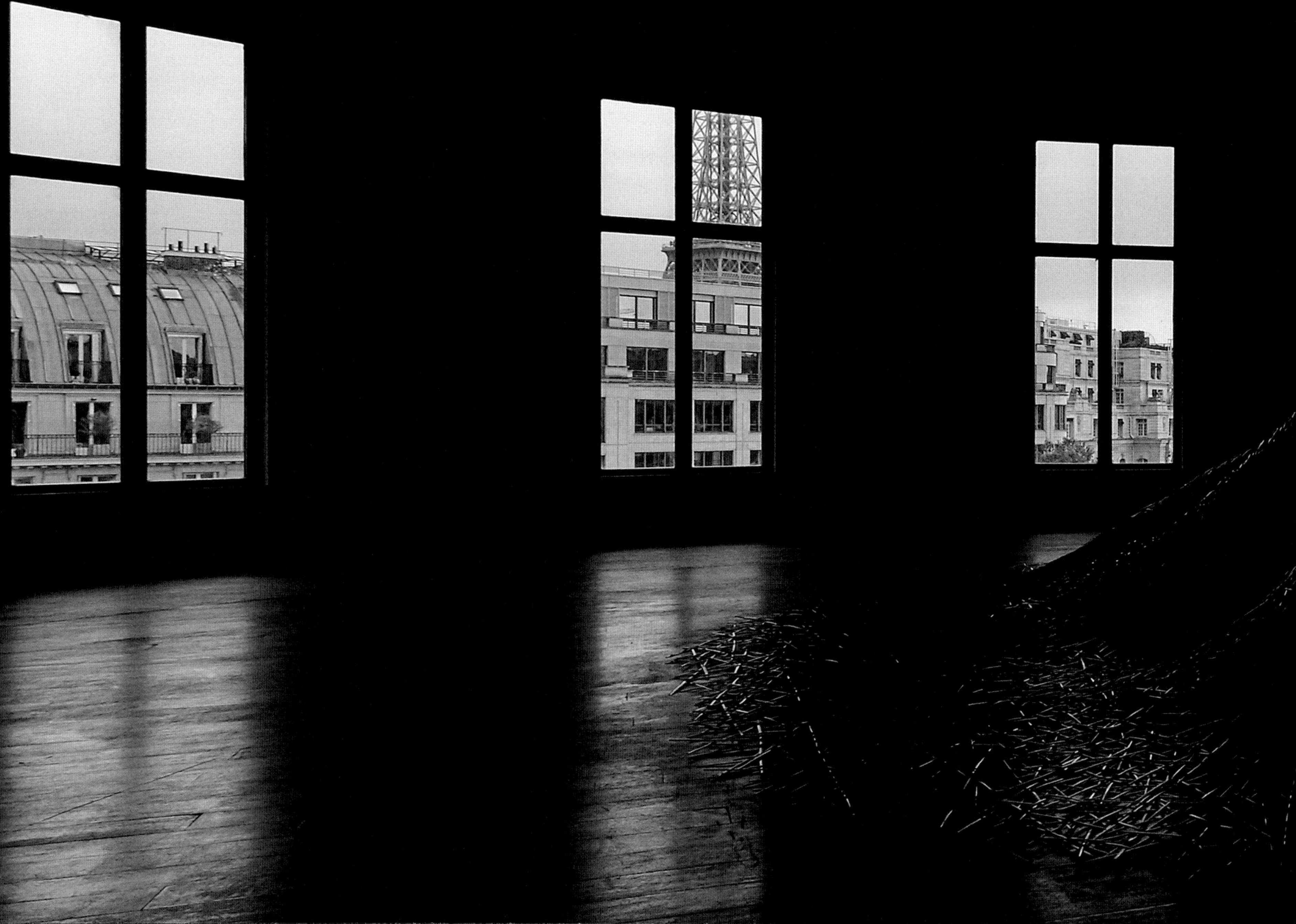

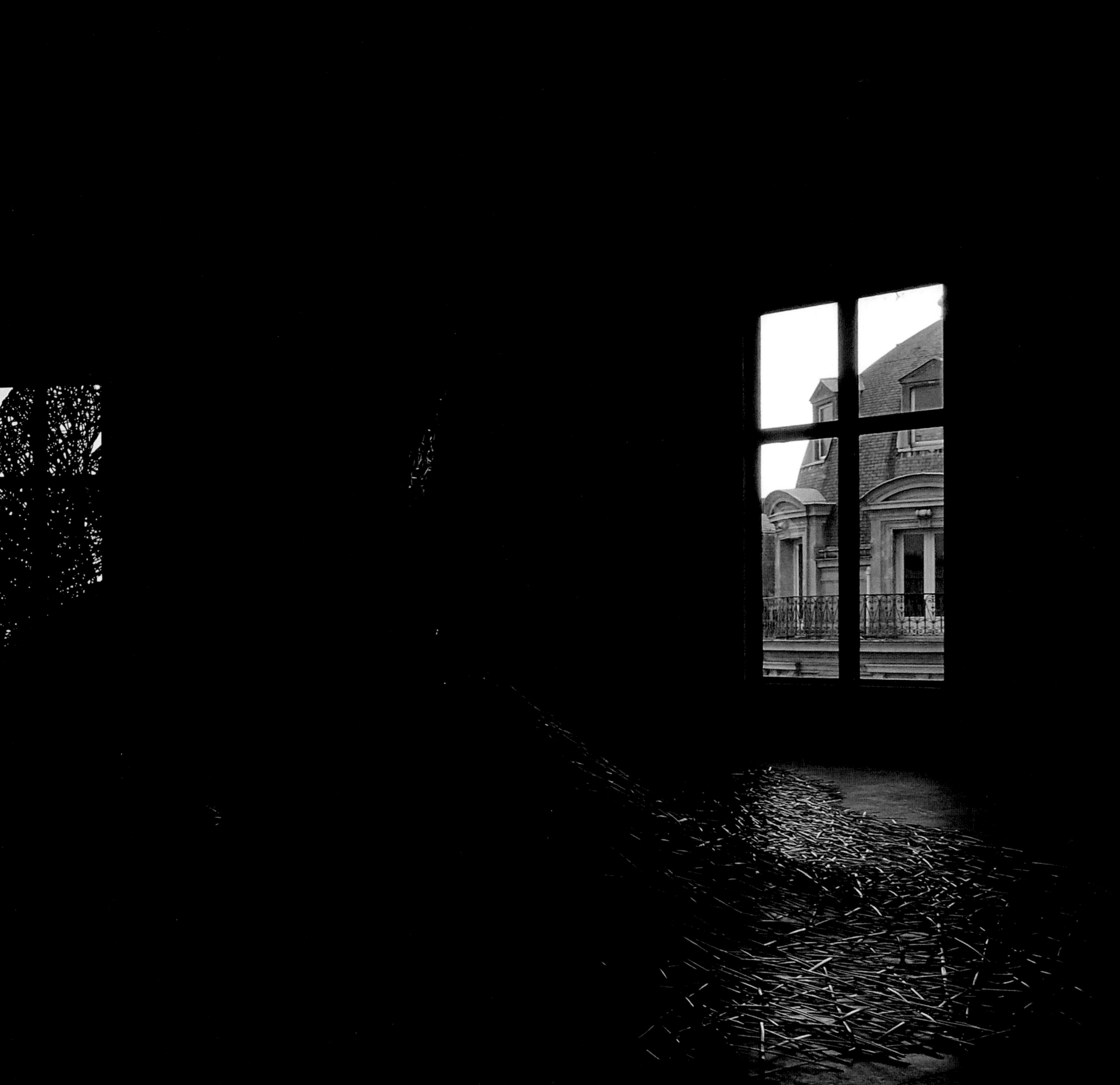

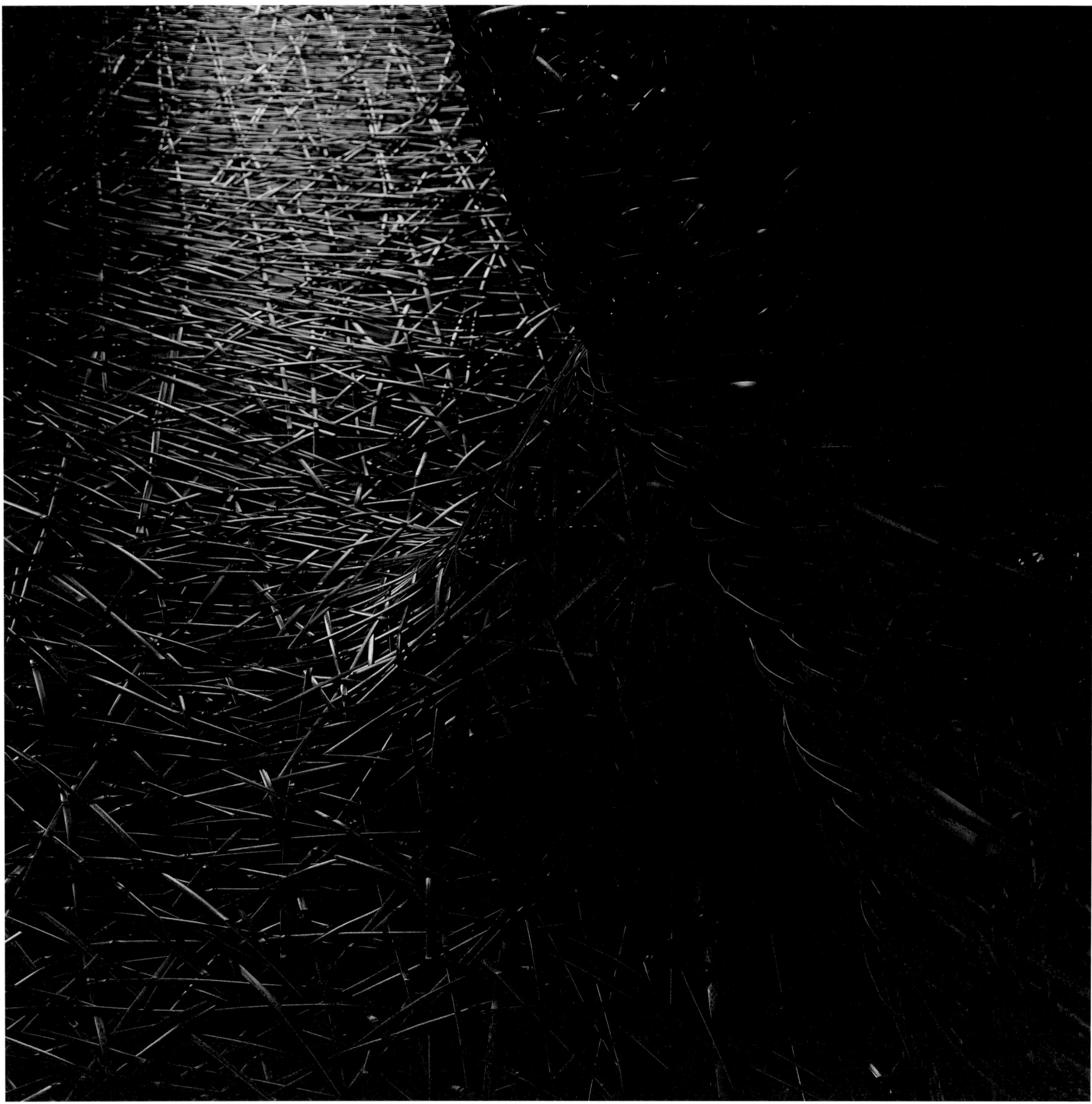

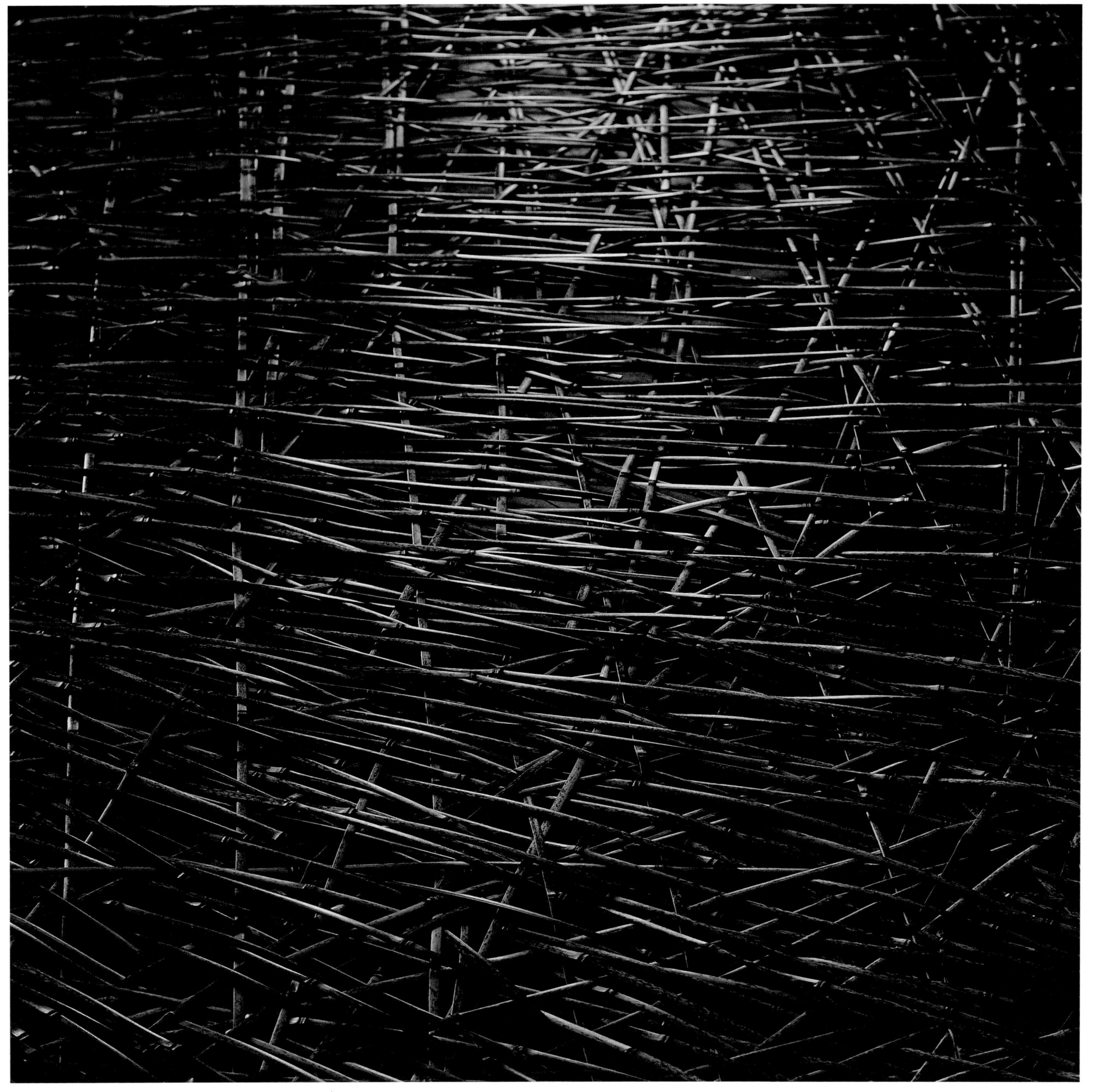

BIOGRAPHIES

TANABE : DE SHOUCHIKU III À CHIKUUNSAI IV

Tanabe Takeo, né en 1973 à Sakai (préfecture d'Osaka), est formé dès son plus jeune âge à l'art du bambou par son père, Chikuunsai III. Diplômé du département des beaux-arts de la Crafts High School de la ville d'Osaka, puis du département de sculpture de l'Université des arts de Tokyo, il achève son apprentissage durant deux années dans la ville de Beppu (préfecture d'Oita).
À l'issue de ces formations, il retourne auprès de son père, à Sakai, pour parfaire son savoir-faire dans l'art du bambou et adopte son premier nom d'artiste : « Shouchiku », troisième du nom, qui signifie « petit bambou ». Tout en s'exerçant aux pratiques traditionnelles, il développe les compétences de la lignée des Tanabe et crée des sculptures originales.
En 2017, trois ans après la disparition de son père, il accède au nom de Chikuunsai IV, littéralement : « nuage de bambou », perpétuant ainsi la longue dynastie de maîtres vanniers dont il descend.

TANABE CHIKUUNSAI IV

Tanabe Chikuunsai IV réalise deux types d'œuvres : tout d'abord une vannerie traditionnelle fonctionnelle, principalement destinée à l'art de l'ikebana, grâce à des techniques de tressage transmises de génération en génération. Cet artiste est en effet convaincu qu'il est primordial d'apprendre et de maîtriser l'artisanat du bambou comme art traditionnel japonais, et de le transmettre aux générations futures.
L'autre forme de ses œuvres relève de l'art, en tant que tel, dans un mode purement sculptural : ses créations révèlent son individualité d'artiste contemporain. Son identité artistique s'exprime dans ses sculptures aux formes organiques composées de bambous tigrés, de bambous noirs et d'autres matériaux naturels.

Outre le Japon, où il a reçu de très nombreux prix lors d'expositions régionales et nationales, Tanabe Chikuunsai IV expose aux États-Unis, en France, en Angleterre, en Nouvelle Zélande, en Suisse, à Singapour, etc.
Ses œuvres sont, entre autres, conservées au Seattle Art Museum, au Museum of Fine Art de Boston, à l'Asian Art Museum de San Francisco, au Philadelphia Museum of Art, au British Museum à Londres, ou encore au musée national des Arts asiatiques – Guimet à Paris.

MINAMOTO TADAYUKI

Minamoto Tadayuki est un photographe japonais né en 1960 dans la préfecture d'Okayama au Japon. Il utilise une technique personnelle pour capturer la lumière lors de la prise de vue. Les sujets de ses photographies sont variés : portraits, mode, art, artisanat, perspectives, architecture et paysages. Particulièrement actif dans le secteur de la publicité et de la conception éditoriale, il possède également une profonde connaissance de la scène théâtrale et de la culture traditionnelle japonaise. Il réalise aussi les clips musicaux d'artistes japonais. Son activité n'a pas de limite. Plusieurs de ses œuvres ont été publiées au Japon. Il est le président de l'agence photographique Minamoto Tadayuki.

MAEZAKI SHINYA

Maezaki Shinya est né en 1976 à Shiga. Il est spécialiste de l'histoire du design et des arts décoratifs japonais. Après un doctorat en histoire de l'art japonais à l'École des études orientales et africaines (School of Oriental and African Studies, SOAS) de l'université de Londres en 2009, il est, depuis 2015, professeur associé à l'université féminine de Kyoto. Il a publié un grand nombre d'ouvrages sur les arts décoratifs japonais du XIXe au XXIe siècle.

BIOGRAPHIES

TANABE: FROM SHOCHIKU III TO CHIKUUNSAI IV

Tanabe Takeo, who was born in Sakai (prefecture of Osaka) in 1973, was taught the art of bamboo from childhood by his father Chikuunsai III. Having studied in the Fine Arts department at the City Crafts High School in Osaka, then in the Sculpture Department at Tokyo's University of the Arts, Tanabe carried out his apprenticeship for two years in the city of Beppu (prefecture of Oita).

Once he had completed this training, he returned to his father in Sakai to perfect his expertise in the art of bamboo and adopted his first artist's name, Shochiku. He was the third artist to take this name, which means "small bamboo". While continuing traditional bamboo weaving practices, he also developed the skills handed down in the Tanabe line, and created his own sculptures.

In 2017, three years after the death of his father, he attained the name Chikuunsai IV, literally "bamboo cloud", and thus perpetuated the dynasty of basket weavers of which he is the latest member.

TANABE CHIKUUNSAI IV

Tanabe Chikuunsai IV produces two types of works: first, a functional and traditional form of basket weaving that is primarily made as the basis for the art of ikebana (flower arrangement), using weaving techniques handed down over generations. Chikuunsai believes it is essential to master the craft of the traditional Japanese art of bamboo weaving and to pass it on to future generations.

The other form of his works is purely sculptural, with his creations revealing his originality as a contemporary artist. His artistic identity is expressed in organic forms made using streaked or black bamboo and other natural materials.

Outside of Japan, where Tanabe Chikuunsai IV has been awarded many prizes in regional and national exhibitions, his works have been exhibited in the United States, France, Britain, New Zealand, Switzerland, and Singapore, among other places. They are also included in the collections of leading museums, such as the Seattle Art Museum, Museum of Fine Arts in Boston, Asian Art Museum in San Francisco, the Philadelphia Museum of Art, the British Museum in London, and the Musée national des arts asiatiques – Guimet in Paris.

MINAMOTO TADAYUKI

Minamoto Tadayuki is a Japanese photographer, born in 1960 in the Okayama prefecture of Japan. He uses his own special technique to capture the light while shooting. His subject matter ranges from portraits, fashion, arts and crafts, to space, architecture, and landscape. He works regularly in advertising and editorial design, and has a deep knowledge of the theatrical scene and of Japanese traditional culture. He also makes music videos for many Japanese artists. His activity is has few limits, and his work is published extensively in Japan. He is chairman of the Minamoto Tadayuki photographic bureau.

MAEZAKI SHINYA

Maezaki Shinya, born in 1976 in Shiga, Japan, specialises in the history of Japanese decorative arts and design. Since he took his PhD in the History of Japanese Art at the SOAS (School of Oriental and African Studies, University of London) in 2009, he has been an Associate Professor at Kyoto Women's University since 2015. He has published widely on Japanese decorative arts from the nineteenth to twenty-first centuries.

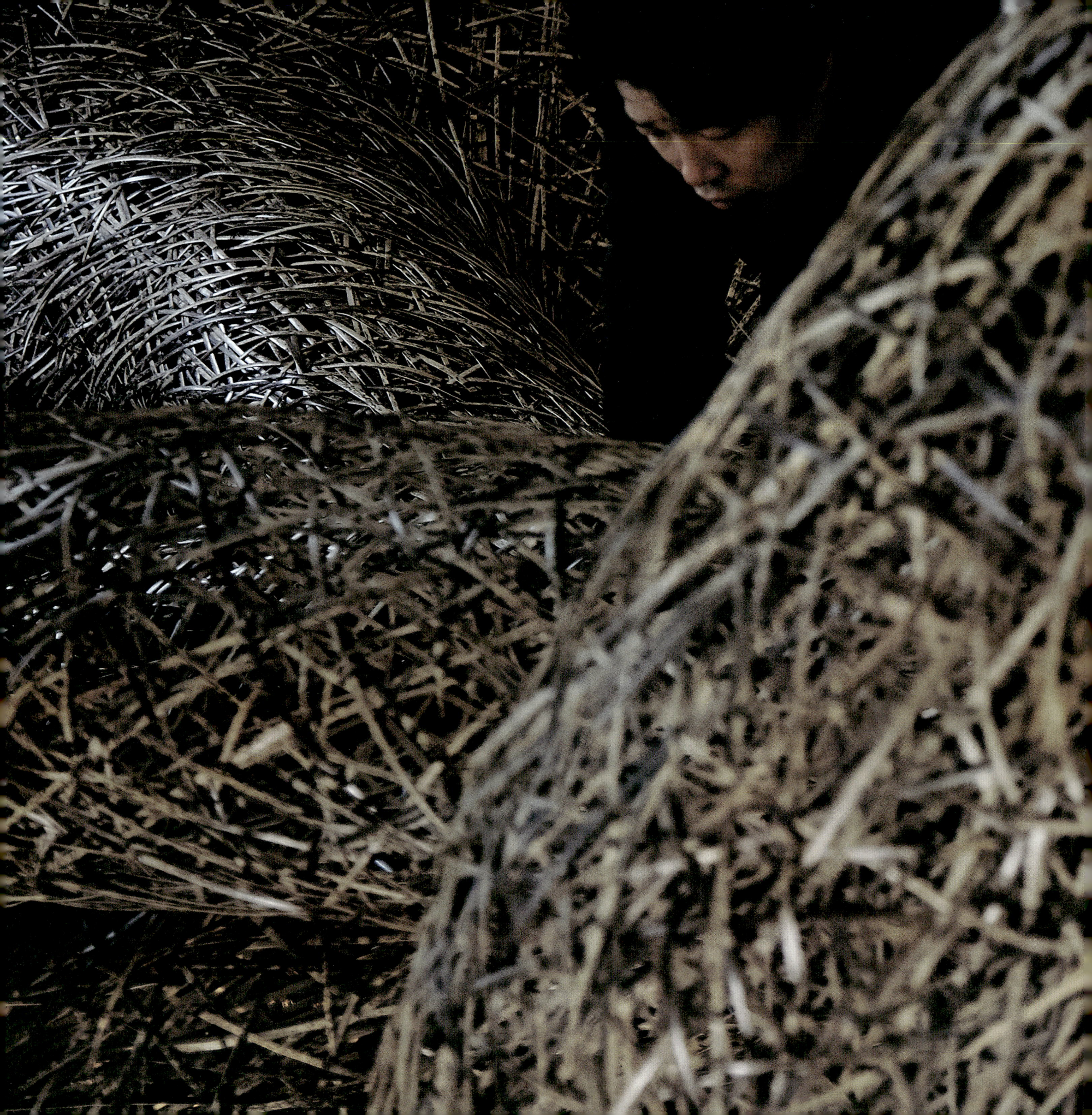

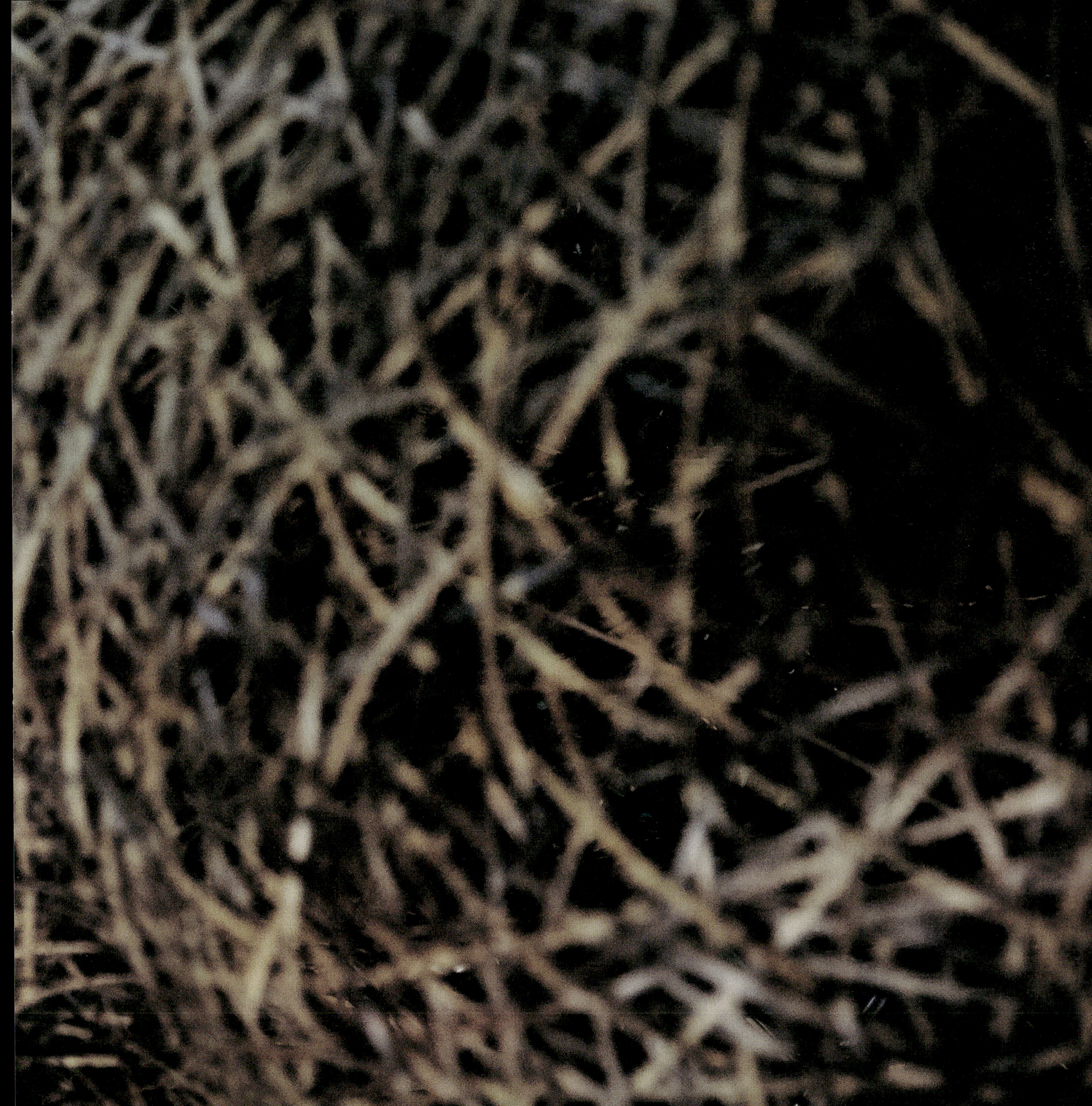

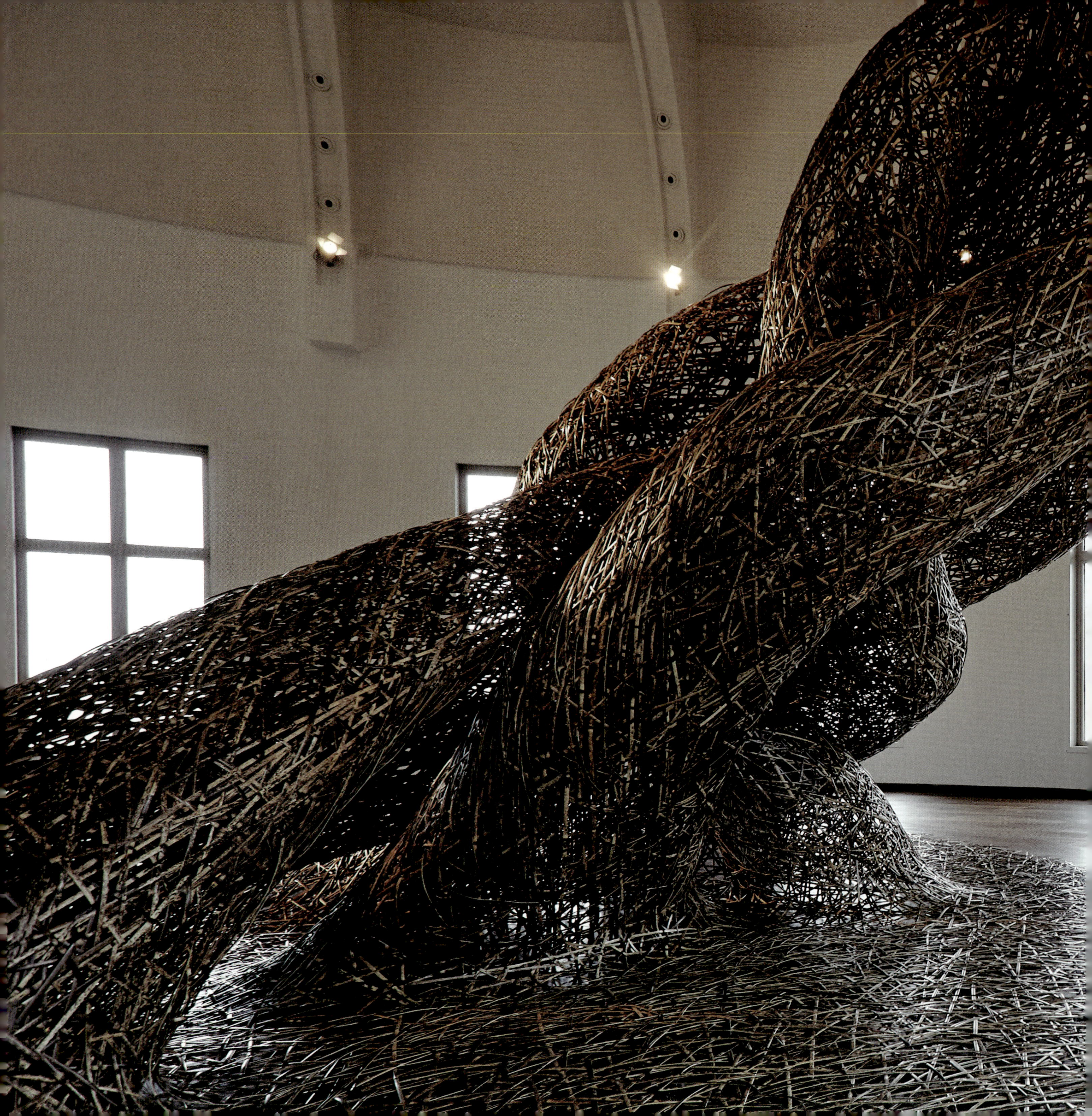

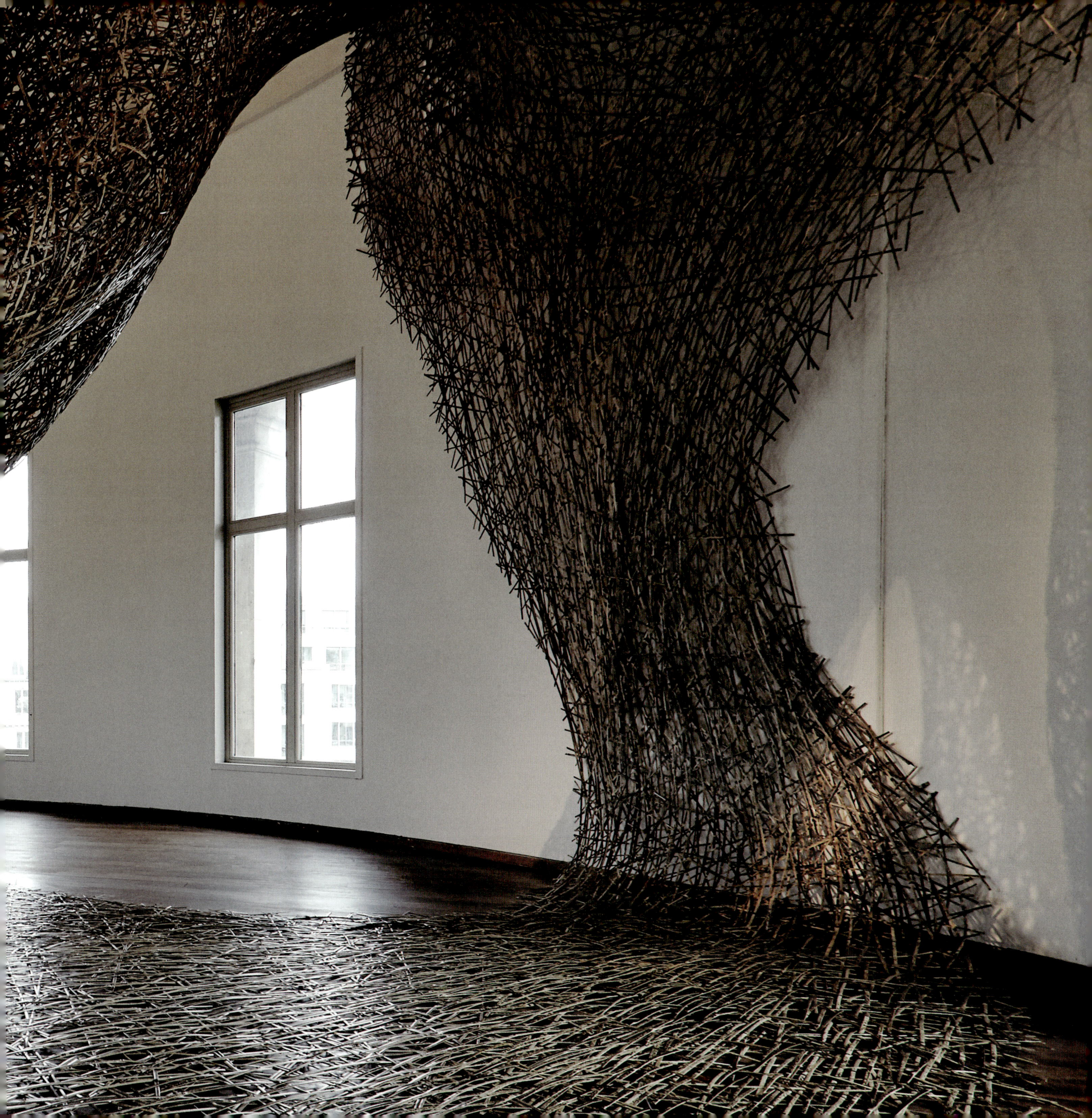

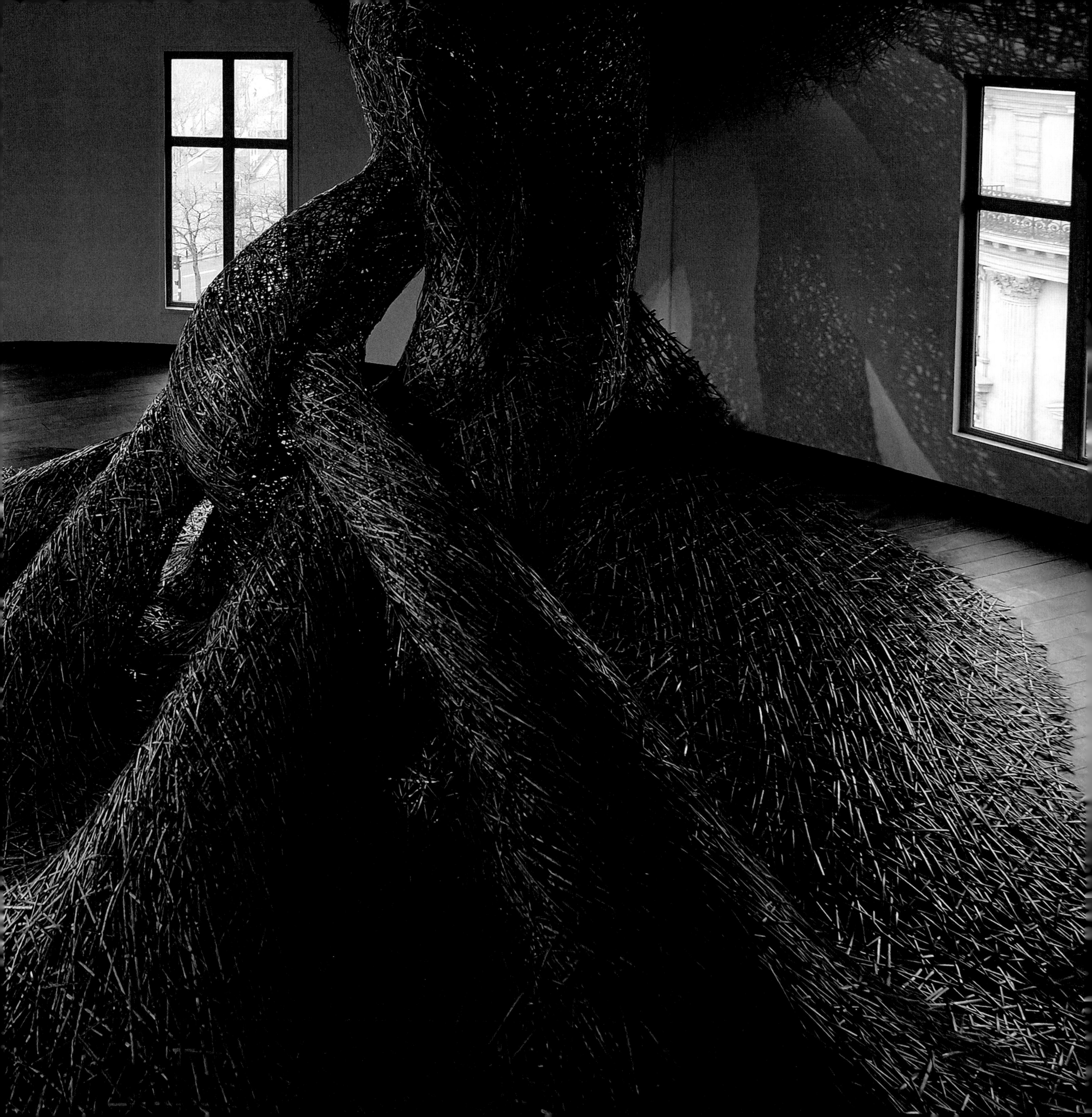

5 CONTINENTS EDITIONS

Coordination éditoriale | Editorial Coordination
Laura Maggioni

Direction artistique | Art direction
Annarita De Sanctis

Traductions | Translations
Jehanne Henin, Timothy Stroud
The poem on page 33 has been rewritten in English
and translated into French by David Rosenthal

Secrétariat de rédaction | Editing
Isabelle Marin, Andrew Ellis

ISBN: 978-88-7439-781-5
ISBN édition pour le marché français : 978-88-7439-782-2

5 Continents Editions
Piazza Caiazzo 1
20124 Milan, Italy
www.fivecontinentseditions.com

Distribution BELLES LETTRES | Diffusion L'entreLivre
Distributed in the United States and Canada by Harry
N. Abrams, Inc., New York. Distributed outside the United States
and Canada, excluding Italy, by Yale University Press, London

Photogravure | Colour Separation
Pixel Studio, Milan, Italy

Achevé d'imprimer en Italie sur les presses de Tecnostampa
– Pigini Group Printing Division Loreto – Trevi, Italie, pour le compte
de 5 Continents Editions, Milan en mars 2017 | Printed and bound
in Italy in March 2017 by Tecnostampa - Pigini Group Printing
Division Loreto – Trevi, Italy, for 5 Continents Editions, Milan